力量与体能训练指导手册

尹彦 编著

人民邮电出版社
北京

图书在版编目（CIP）数据

力量与体能训练指导手册 / 尹彦编著. -- 北京 : 人民邮电出版社, 2022.12
ISBN 978-7-115-55737-7

Ⅰ. ①力… Ⅱ. ①尹… Ⅲ. ①力量训练－手册②体能－身体训练－手册 Ⅳ. ①G808.14-62

中国版本图书馆CIP数据核字(2020)第267791号

免责声明

本书内容旨在为大众提供有用的信息。所有材料（包括文本、图形和图像）仅供参考，不能替代医疗诊断、建议、治疗或来自专业人士的意见。所有读者在需要医疗或其他专业协助时，均应向专业的医疗保健机构或医生进行咨询。作者和出版商都已尽可能确保本书技术上的准确性以及合理性，并特别声明，不会承担由于使用本出版物中的材料而遭受的任何损伤所直接或间接产生的与个人或团体相关的一切责任、损失或风险。

内 容 提 要

体能是通过力量、速度、耐力、协调性、灵敏性等身体素质表现出来的人体基本运动能力。本书专为想要增强力量与体能的人士提供高效、便捷的训练方案。正文共有3章：第1章介绍了体能训练的基础知识；第2章介绍了53个训练动作；第3章讲述了全身力量与体能训练计划。锻炼者可以根据自身的体能水平，以书中介绍的训练原则为基础，选择适合自己的锻炼计划。

本书适用于健身爱好者、体能教练、健身教练、运动员、体育院校师生等阅读、参考。

◆ 编　　著　尹　彦
责任编辑　李　璇
责任印制　周昇亮
◆ 人民邮电出版社出版发行　　北京市丰台区成寿寺路 11 号
邮编　100164　　电子邮件　315@ptpress.com.cn
网址　https://www.ptpress.com.cn
北京虎彩文化传播有限公司印刷
◆ 开本：700×1000　1/16
印张：9.75　　2022 年 12 月第 1 版
字数：212 千字　　2024 年 8 月北京第 3 次印刷

定价：49.80 元

读者服务热线：(010)81055296　印装质量热线：(010)81055316
反盗版热线：(010)81055315
广告经营许可证：京东市监广登字 20170147 号

目录

作者简介

尹彦，北京体育大学博士研究生，美国北卡罗来纳大学教堂山分校访问学者，现任中国石油大学（北京）体育与人文艺术学院讲师，主讲健美、游泳、射箭等课程。主要研究方向为体育教学与健康促进，在《体育科学》《北京体育大学学报》《中国康复理论与实践》等期刊和全国体育科学大会上发表论文6篇，参与编著高等教育体育学精品教材《运动解剖学》。

第1章
基础知识

肌肉工作原理

骨骼肌是人体运动力量的主要来源，由肌纤维组成，根据神经系统发出的指令做出各种动作，其原理如下。

我们的中枢神经系统会收集周围神经系统的各种信息，对其进行分析，并将信息通过神经冲动传递给肌纤维中的运动神经元，肌纤维在接收到神经冲动后开始做功，并产生肌肉力量。

一个动作的完成，不是主动肌单独收缩就可以做到的，它还需要协同肌、拮抗肌一起工作。主动肌是完成一个动作的主要收缩单位，它的收缩方向与关节活动方向一致；协同肌是对主动肌工作进行协同的肌肉，与主动肌的工作内容相同；拮抗肌是与主动肌收缩方向相反的肌肉，与主动肌的位置相对，但与主动肌围绕同一个关节完成一个动作。例如，肱二头肌与肱三头肌互为拮抗肌，做屈肘动作时，不仅需要肱二头肌收缩，还需要肱三头肌舒张。

根据肌肉收缩形式的不同，可将肌肉力量分为静力性力量与动力性力量。静力性力量是肌肉在等长收缩中产生的力量，肌肉长度不变，但却保持紧张状态，用以维持身体的稳定姿势。动力性力量是伴随肌肉缩短或拉长产生的力量，它还可以根据肌肉收缩形式进行更细的分类，包括向心收缩力量、离心收缩力量、等速收缩力量、超等长收缩力量等。

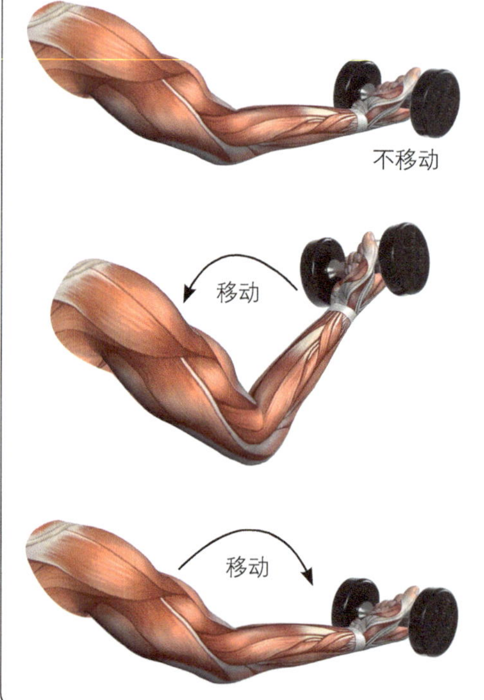

等长收缩力量

在进行等长运动时，肌肉的长度不变。

向心收缩力量

在进行向心运动时，肌肉的长度会变短。

离心收缩力量

在进行离心运动时，肌肉的长度会变长。

运动系统的能力

运动系统的能力，体现为人体在运动中表现出来的各种身体素质，如力量、速度、耐力、柔韧性、协调性、灵敏性等。

力量是肌肉克服阻力做功的能力，它是一种最基本的身体素质。力量可以通过合理的训练、适当的休息和补充营养得到增强。经过训练的肌肉，在肌肉围度和肌纤维数量上都会得到改善，从而增强肌肉的力量。

速度是人们在一定时间内快速完成动作的能力，它不仅包括动作的速度，还包括反应速度、位移速度等。速度的提升可通过多种跑步动作实现，如高抬腿跑、上坡跑、下坡跑、小步跑、变速跑、变向跑等。

柔韧性是指肌肉、肌腱、韧带等组织在关节处能被拉伸的程度，关节的灵活度，关节的活动范围、活动能力都与柔韧性有关。柔韧性的训练，主要通过各种动态拉伸和静态拉伸动作来进行，前者能激发肌肉的牵张反射，后者能培养肌肉和韧带的延展性，都有利于提升关节周围组织的柔韧性。

协调性是中枢神经系统与躯体之间互相协作来完成动作的能力。它不仅受先天遗传因素的影响，还受人们心理因素、神经系统的影响。协调性的提升，可以通过身体平衡能力、反应速度、空间定向能力、运动的节奏、运动的准确性等方面的训练来实现。

灵敏性是身体迅速改变方位、体位，快速进行动作转换以及随机应变的能力。它是一种快速反应能力，是综合性较强的身体素质。灵敏性的训练，不仅包括速度的训练，还包括灵活性、柔韧性的训练，如各种翻滚动作、转身动作，以及变向跑、障碍跑等。

最大力量

最大力量，即肌肉在最大限度收缩时发出的力。训练者单次举起最大重量时，表现出的力就是最大力量。

最大力量的影响因素

肌肉最大力量的影响因素有很多方面，如肌肉的横截面积、肌肉的协调性、肌肉运动单位的同步性、快肌纤维参与度等。如果想提升最大力量，就要针对这些因素，进行提高性的训练。

首先是肌肉的横截面积。肌肉横截面积的增大，可以通过力量训练来实现，有赖于力量训练的量与持续的时间。力量训练可以提升肌纤维中蛋白质的含量，其本质是增大肌球蛋白丝直径，从而提高肌肉密度。

其次是肌肉的协调性。中枢神经系统，尤其是运动中枢，对肢体动作起到协调与控制作用。人体的某一个动作的完成，需要靠神经系统、多处肌肉或肌肉群协作。在经过长期训练后，神经系统逐渐提升其协调功能，肌肉也会变得更强壮，能更好地执行动作，表现出的力量也更为强大而有效，动作完成的质量更好、能量利用率更高。

然后是肌肉运动单位的同步性。运动单位是肌肉收缩时最基本的收缩单位，肌肉在发生低强度的、短暂的收缩时，收到信息的部分运动单位就会启动。但也会有一些运动单位没有启动，这种现象是运动单位启动的异步性。此时，肌肉收缩时由于少了这些运动单位的加入，产生的力也相对较小。与之相反，运动单位启动的同步性更高，能调动更多的运动单位参与肌肉的收缩活动，也会产生更大的力量。在经过力量训练后，运动单位的同步化水平会得到提升，运动时力量的生成效率也会更高，产生的力量也更大。

最后是充分调动快肌纤维。人体内的肌纤维，根据其功能，可划分为快肌纤维与慢肌纤维。快肌纤维收缩快，可在短时间内产生较大力量，但是不能保持长时间工作；慢肌纤维收缩慢，可以长时间工作，比较抗疲劳，但生成的力量小。与最大力量关系紧密的是快肌纤维，如果在运动时能调动体内更多的快肌纤维，就会生成更大的力量。调动快肌纤维的能力的提升，需要训练者进行最大负重的阻力训练。这是因为最大力量的产生，有赖于肌肉的最大张力。只有较大的负荷才能调动更多的快肌纤维来产生足够大的肌肉张力。

如何发展最大力量

发展最大力量，可以通过多种方法来进行，下面进行具体讲解。

坚持进行6周的训练

6周的训练，有助于建立、增强肌肉与神经中枢的联系，提高肌肉的协调性，提升运动单位的同步化。长期的训练还可以降低神经系统对运动单元的抑制作用，激发最大力量的潜力，建立和增强肌肉与神经中枢的联系。

最大力量训练，既要保证大负荷，又要保证不能训练至力竭，要安排合适的组间休息，使肌肉充分恢复；并且训练者要专注于动作，用积极的态度投入训练。通过这样的过程，可以最大限度激活神经中枢，使神经中枢对肌肉的调控更精确。

降低神经系统对运动单元的抑制作用。一方面，神经系统可以刺激更多的运动单位，提升肌肉做功能力；另一方面，它对运动单位也有抑制作用，如高尔基腱器。高尔基腱器分布于肌肉与肌腱的衔接处，用于感受肌肉的状态。在肌肉收缩或拉伸到一定程度时，高尔基腱器就会对肌肉活动起到抑制作用，以防止过度收缩和拉伸造成肌肉损伤。但在一些极端情况下，这种抑制作用会被抵消，体内几乎所有运动单元都被启动，然后爆发出惊人的力量。最大力量训练可以降低高尔基腱器的抑制作用，激发肌肉潜能，提升最大力量。

需要注意的是，训练周期要坚持6周以上，并让肌肉有充分的休息时间。在器械选择上比较自由，可以使用杠铃、哑铃、壶铃等，甚至是轮胎、原木等。

最大负荷法训练

最大负荷法训练是最大力量训练中最重要的方法，只有施加足够的负荷，才能激发足够的肌肉潜力。该训练的强度可控制在最大强度的85%~100%，动作次数控制在1~3次，做5~8组。两组之间休息1~3分钟。

用最大负荷法进行训练有如下优点。

- 调动大量运动单位以及更多的快肌纤维，爆发出强大力量。
- 增大肌纤维直径，以应对更大压力，外观结果就是锻炼出硕大的肌肉。训练初期，增肌效果显著，但随着训练水平的提升，最大力量会继续提升，增肌效果不会太明显。
- 促进睾酮的分泌，高水平的睾酮又反过来促进肌肉的生长，提升最大力量。
- 提升肌肉协调性，提升运动单位同步化水平，爆发出强大力量。因为高强度、大负荷训练才能充分刺激肌肉，增加神经系统的冲动。神经系统可以调动更多肌肉参与训练，改善肌肉的协调性，有助于快速发力。
- 加速生长激素分泌，提升肾上腺素、去甲肾上腺素分泌量。肾上腺素可以让心率加快，去甲肾上腺素会使血压升高，这二者都可以增加身体生理反应，提升运动效果。

但最大负荷法并不是人人都适用，因为它需要施加大负荷，身体要承受很大压力，没有两年以上力量训练经验的人士，最好不要采用。

最大力量训练的一些原则和注意事项

最大力量训练可通过两种组织方式进行：一种是力量举训练（包含深蹲、硬拉和卧推），每次可针对性地进行一种训练；另一种是发展全身力量，可在一周之内同时训练身体各部位肌肉，进行多关节运动。

把握训练量。每个动作可进行3~5组训练，每组次数低于8次，强度要在最大强度的80%以上，两组之间的间歇时间为2~3分钟。

动作要准确。不正确的动作容易导致运动损伤。

保护身体关节。由于最大力量训练属于高负荷运动，对关节的压力很大，易造成关节的损伤，因此可佩戴护具，如护肘、护膝等，给关节以支撑，达到保护关节的目的。

耐力

肌肉耐力，即肌肉长时间连续做功的能力，也表现为肌肉抗疲劳的能力。它要求人体同时具备优秀的力量与强大的心肺功能。其中，力量是基础，心肺功能是肌肉长时间做功的保证。

有氧耐力与无氧耐力

依据运动时体内能量供应方式的不同，将耐力区分为有氧耐力与无氧耐力。有氧耐力是人体长时间进行有氧做功的能力；无氧耐力则是在体内缺氧的状况下，人体保持长时间做功的能力。

根据不同水平的运动强度，我们在运动中有时需要有氧耐力，有时需要无氧耐力。例如，慢跑的强度低，以有氧代谢为主要代谢方式，所以它需要的是有氧耐力。而足球运动就不同了，足球场上球员瞬时启动多，又经常处于快速奔跑状态，需要良好的无氧运动能力，特别是无氧耐力；但同时足球赛场大、赛时长，球员要保持活跃的状态，还需要有氧耐力。因此，足球运动不但需要有氧耐力，也离不开无氧耐力。

耐力的培养

耐力的培养可通过多种方法进行，有的方法侧重培养有氧耐力，有的方法侧重培养无氧耐力，有的方法则同时培养有氧耐力与无氧耐力。在这里分别进行讲述。

提升有氧耐力的训练方法

乳酸阈强度训练法

乳酸阈是运动中体内供能方式从有氧供能转换至无氧供能的转折点。乳酸阈提升，标志着个人有氧耐力的增强。提升乳酸阈可以通过最大摄氧量训练完成。最大摄氧量（VO_2max），即人体从事最高强度活动时的氧气摄入量。它是评估有氧耐力与有氧运动性能的标准之一。最大摄氧量训练能提升人体长时间维持高比例最大摄氧量的能力，最终提升乳酸阈。最大摄氧量训练的训练强度保持在乳酸堆积接近最大状态的强度。

间歇跑是提升最大摄氧量的比较理想的训练方法，如在2组快速800米跑之间加入一段时间的慢跑（持续2~6分钟），如此循环。

长距离慢跑训练法

长距离慢跑训练的强度控制在最大心率的70%～85%，持续时间在30分钟以上，是典型的有氧运动，能提高人体有氧耐力。该训练以大腿、髋部为主要发力部位，按照最大强度的70%～85%，进行15～20分钟或以上的重复跑，总时间建议控制在30分钟以上，甚至更长时间。户外跑步可选择平坦的路面。如果是在室内，可选择跑步机、椭圆机、划船机等进行训练。虽然叫长距离慢跑训练法，但通过长时间游泳、骑自行车等低强度运动，也可以达到同等锻炼效果。

间歇训练法

间歇训练法，即在两次短时间高强度训练之间，加入间歇期。在间歇期可停止运动进行休息，也可继续进行低强度训练。这种方法除了能提升有氧耐力外，也有利于增强机体缓冲乳酸堆积的能力。

间歇训练法中，训练强度和恢复时间成正比。如果训练强度增大，间歇时间也要增加。

这里给出两种强度区间的训练与休息时间比，以供参考。

如采用最大强度的80%～90%进行长时间训练，训练与休息时间比为2∶1至1∶2，每周1～2次。

如采用最大强度的85%～100%进行短时间训练，训练与休息时间比为1∶2至1∶5，每周1～2次。

重复冲刺能力训练法

这种训练将强度保持在乳酸阈水平，或者高于乳酸阈水平，除了能提升有氧耐力外，也是发展速度耐力的好途径。训练者可以在短时间内（3～10秒）重复进行冲刺跑，然后间歇10～60秒。组与组之间的间歇时间为2～3分钟。重复冲刺能力训练能提升有氧耐力，可以增强身体快速恢复能力，使最快速度得以维持或提高。

提升无氧耐力的训练方法

比赛强度的重复训练法

这种训练方法结合专项训练，采用比赛强度（最大强度的90%～100%）进行训练，但高强度训练的时间和距离都要高于比赛的水平。休息时间以机体完全恢复为准。其重要能量供给方式为无氧供能，着重于提升在无氧环境中，机体保持长时间工作的能力。

比赛训练法

这种方法模拟了真实比赛，强度为最大强度的95%～100%，但其运动距离比真实比赛的运动距离要长。这种训练的整个过程中可能存在多种负荷，可增强实战中的无氧运动能力和无氧耐力。

同时提升有氧耐力与无氧耐力的训练方法

目标心率法

衡量运动强度时，目标心率是重要的参考依据。在测量目标心率时，我们要知道自己的最大心率。最大心率是个人运动处于最强负荷情况下，心率达到顶点时的值。最大心率可通过实际测量得出，也可以采用国际通行的计算方法，即用220减去年龄，后者计算起来很简便，但会有一定误差。

假设一名运动员的年龄是30岁，想将目标心率区间定为最大心率的70%～85%，其计算方法如下。

先用220减去年龄得到最大心率：

220－30＝190（次/分）。

再用得到的最大心率分别和70%、85%相乘：

190×70%＝133（次/分），

190×85%＝161.5（次/分）。

然后得出其目标心率区间为133～161.5次/分。

目前有很多可佩戴的测心率仪器，如智能手表，训练者可以拿来作为辅助测量用具，十分便利。

训练者可根据自己的训练目的是提升有氧耐力还是无氧耐力，来设置目标心率。一般来说，有氧耐力训练的目标心率可控制在最大心率的85%以下，无氧耐力训练的目标心率可控制在最大心率的85%～93%。但需要强调的是，耐力训练中，强度越大，训练者坚持的时间越短；反之则越长。

耐力训练的一些原则和注意事项

训练强度与休息时间成正比。如果训练负荷大或训练时间长，休息时间也要随之增加。

注意训练频率。一周可进行2～5次耐力训练。训练次数与训练强度成反比，如果次数多，强度就要小一些；反之，如果次数少，强度可以增加。

训练后多拉伸肌肉。耐力训练有局限性：训练本身具有重复性与长期性，大部分动作都是单平面动作，训练的肌群也比较有针对性，易导致这些肌群过于紧张或劳损，导致身体肌肉的不平衡。因此耐力训练后，针对训练部位和肌肉要多进行拉伸和放松活动，使肌肉得到恢复，保持平衡状态。

速度力量

速度力量，即肌肉用短时间迅速产生最大力量做功的能力，包含力量与速度，是二者能力的共同体现。它既需要肌肉快速收缩，又需要肌肉有最大力量。

速度力量的各要素

速度力量包含启动力量（即启动力）、爆发力量（即爆发力）、制动力量（即制动力）与反应力量等。其中，启动力量是指运动主体开始执行动作时，在50毫秒内肌肉收缩能产生的最大力量，要求速度与爆发力量；爆发力量是肌肉瞬时做出最大的功的能力，要求速度与力量；制动力量是身体在运动中快速改变方向时获取反向加速度、让身体向反方向运动的能力；反应力量为肌肉经过离心收缩过程，再转入向心收缩过程中所释放出的力量。

速度力量包括多种力量，因此针对速度力量的训练也比较复杂，要通过多种训练手段进行。

速度力量训练

速度力量需要速度与力量，但是这两个因素是互相制约的。提升速度要求负荷要小，而提升力量又要求负荷要大。只提升速度，或只提升力量，都不能发展速度力量，只有将这二者进行优化配合才可以。一般来说，慢速的大负荷训练，有利于提升力量；快速的小负荷训练，有利于提升速度与爆发力。

速度力量的训练一般有最大力量、启动力、爆发力和制动力这几方面的训练。发展最大力量的训练在前面已经介绍过，下面重点介绍其他三方面的训练。

发展启动力的训练

启动力对下肢力量与速度的要求很高，因此启动力的训练大多是各种快速跑训练，要求速度快，并采用中低水平的强度。

在各种地形中进行短跑练习。例如，在沙地上跑，或者在有坡度的地方跑，甚至是利用台阶训练。

各种负重跑训练。负重器械可选择沙衣、负重腰带、轻量级杠铃等。也可以采取多种形式的跑步训练，如在跑步中添加转向或变速等变化。

听信号跑。需要一名同伴协助训练，听到来自同伴的信号后，快速起跑。

各种弹跳力训练。好的弹跳力也有助于发展启动力。蛙跳、台阶跳、摸高、提踵、跳深、跨步跳、连续跳等动作，都能锻炼弹跳力。

发展爆发力的训练

爆发力为力量速度的重要组成部分。发展爆发力可按照身体部位来进行，分别是：全身爆发力、上肢爆发力与下肢爆发力。

全身爆发力训练。强度控制在最大强度的70%~85%，可进行各种抓举、高翻、挺举或快速高拉等动作，要求速度快，尽全力去做。单个动作进行3~5次，6~10组，两组之间的间歇时间为1~2分钟。

上肢爆发力训练。强度控制在最大强度的50%左右，可进行手臂抗阻训练，如各种卧推、力量推、弯举、臂屈伸等，要求速度快，尽全力去做。单个动作进行8~12次，控制在2~3组，两组之间的间歇时间为1.5~2分钟。

下肢爆发力训练。强度控制在最大强度的50%~70%，可进行下肢的各种深蹲、半蹲、负重蹲跳等动作，各种弓箭步动作，以及提踵动作，要求速度快，尽全力去做。动作重复次数控制在1~3次，组数控制在6~10组，两组之间的间歇时间为2~3分钟。除此以外，还可以进行跳远、跳深、栏架、跨跳等训练。

这些训练方法，从多方面训练了肌肉克服阻力快速收缩和舒张的做功能力，以及牵张反射能力，有助于提升速度力量。

发展制动力训练

发展制动力可通过以下训练来进行。

从较高的位置进行跳深训练。

变向跑。可由一名同伴陪同训练，用口哨声作为变向的标志。

多进行肌肉的离心收缩训练，如卧推、

深蹲、各种腿举等练习的“下放”阶段。肌肉的离心收缩可以起到制动、减慢速度以及克服重力的作用。

关于发展反应力量的训练，我们会在后面的主题中详细介绍。

速度力量训练的一些原则和注意事项

训练之前，先做好热身工作；训练之后，做好肌肉的放松工作。

逐步增加训练负荷。

在疲劳状态下，不宜做速度力量训练。

先进行力量训练与核心训练。速度力量训练中有很多快速伸缩复合训练动作，只有在具备良好的力量和核心稳定性的前提下，才能进行快速伸缩复合训练，否则易造成运动损伤。

反应力量

反应力量是速度力量的一种，它的产生过程是肌肉先经过短时间离心收缩与拉长阶段，积蓄弹性势能，然后进行向心收缩，将弹性势能发挥出来。该过程最终所表现出来的力量就是反应力量。

影响反应力量的重要因素

反应力量的大小，不仅取决于离心收缩阶段所储存的弹性势能的大小，还取决于弹性势能能否被最大限度地利用、从离心收缩转至向心收缩的过程是否短而平稳。

首先，肌肉离心收缩阶段弹性势能的储存。这个储存过程为肌肉在离心拉长阶段产生弹性势能，神经中枢通过反射调节作用会进一步加强这种势能。另外，离心收缩时肌肉拉长的速度越快，长度越合适（拉伸过短产生的力量小，过长则会导致已获得的部分弹性势能消失），储存的弹性势能就越多。如果肌肉离心收缩的时间过长，不但产生的弹性势能少，还会使已经储存的一部分弹性势能消失。

其次，肌肉从离心阶段到向心阶段的转换。能量转换时间要短且稳定，这样损耗小，弹性势能会被高效利用。

最后，肌肉向心收缩阶段。这一阶段是弹性势能被重新利用并转换为动能的过程。肌肉向心收缩过程生成的力加上弹性势能的转换，人体能获得强大力量。

反应力量训练

在影响反应力量的因素中，弹性势能的储存、利用，以及神经系统的调节作用，都有举足轻重的作用，因此反应力量训练围绕这些因素展开。在反应力量训练中，快速伸缩复合训练很重要。

快速伸缩复合训练

快速伸缩复合训练利用肌肉张力，使肌肉先迅速拉长，做离心收缩，积蓄弹性势能；然后再释放弹性势能，依靠弹性势能，做出高速向心运动，这样的训练被称为快速伸缩复合训练。经过快速伸缩复合训练，能提高力的产生速度，提升机体爆发力，也能锻炼神经系统对肌肉的控制，使力的转换更快、更稳。

快速伸缩复合训练主要包括上肢和下肢两个部分的训练。

上肢快速伸缩复合训练。以投掷、击打、击球动作为主，训练上肢的爆发力。药球的传递和投掷动作很适合用于上肢快速伸缩复合训练，这类动作的力来自下肢，再经核心传递给上肢，由上肢爆发出来，是全身参与的训练。

下肢快速伸缩复合训练。以下肢的跳跃动作为主，如栏架训练、跳深、跳远，以及各种双脚跳、单脚跳、交换跳等动作。注意训练时尽可能跳得高一些，速度快一些，脚接触地面的时间要短。

反应力量训练的一些原则和注意事项

先进行力量训练与核心训练。反应力量训练以快速伸缩复合训练为主，只有具备良好的力量和核心稳定性时，才能开始这个阶段的训练，否则易造成损伤。

训练下肢时，脚的着地方式要正确。先落地的脚受力要均匀；两脚同时着地时，两脚之间的距离最好和肩部宽度相同，受力均匀；落地越轻越好。

训练下肢时，要选择合适的场地。太硬或太软的地板都不合适，草地、塑胶地面、木板地面较合适。

训练量不要太大，频率不要过高，尤其是初级水平的训练者，两次训练最好间隔48小时以上。

训练频率

训练频率，即每周的训练次数。总原则为每周最少训练2次，最好中间休息一天。初级和中级水平的训练者，每周可训练3次，高级水平的训练者的训练次数可能会更多。在其他的休息时间里，可以适当安排一些有氧训练，巩固健身成果，促进肌肉恢复。

虽然训练很重要，但是肌肉的恢复更重要，要合理安排训练频率。训练后，肌肉要得到恢复，这样才会提升训练效果。这是因为肌肉在运动中受到刺激后，会产生肌纤维的损伤，损伤的肌纤维在休息过程中进行恢复与重组，并且出于避免下次再次受伤的本能，肌纤维会变得更加粗壮。相反，如果不等受伤的肌纤维恢复就开始下一次的训练，既无法使肌纤维恢复得更好，又会使肌肉产生疲劳，在运动时无法募集更多的运动单位。长时间这样下去，肌肉和力量的增长都有限，无法达到很好的训练效果。

训练目标

我们在制订训练计划后，往往要一步步实现训练目标，那么一次训练结束后，要过多久才可以设定下一个训练目标呢？这与身体机能恢复的程度有关。

身体的肌肉在进行一次训练后，会产生疲劳感，在功能表现上也会有所下降。当肌肉得到充分休息后，肌肉功能可以回到训练前的水平，且在一段时间内保持上升状态。这种现象叫肌肉的超量恢复。但超量恢复只维持在一定的时间内，如果超过这个时间，肌肉的各种表现就会回到以前的水平。因此，懂得利用超量恢复的训练者，会在超量恢复消失之前继续训练，使肌肉持续超量恢复，肌肉力量逐渐增强、体积逐渐增大。

那么超量恢复的时间该如何控制呢？通常来说，在进行一次完整时段的训练后，我们的身体需要1~3天来恢复。如果想保持超量恢复，就要在上次训练后的2~3天内开始下一阶段的训练，这样会获得更好的训练效果。

热身运动

在训练前进行热身，体温可以在短时间内升高，肌肉会摆脱僵硬状态，柔韧性会得到提升，关节也会变得更灵活。热身所引起的这些改变，最终可以提升训练效率，降低多种损伤风险。

热身动作有很多，我们常用的有圆周跑、开合跳、跳绳等。

圆周跑，即沿着圆形轨迹慢跑，直至额头微微出汗，然后开始进行正式的训练。开合跳与跳绳一样，操作简单，属于全身运动，四肢与核心都能参与训练。并且这两种热身动作可在短时内提升心跳速度，让身体快速升温，进入运动状态。

热身时间最好控制在10～15分钟。

胸部动态拉伸计划

动作名称	组数	次数	休息时间
扩胸运动	3组	10～15次	30秒
双臂水平胸前移动	3组	10～15次	30秒
胸部拉伸	3组	12次	30秒
跪姿胸部拉伸	3组	12次	30秒

腿部动态拉伸计划

动作名称	组数	次数	休息时间
踝关节灵活性练习	3组	10～15次	30秒
交替膝击	3组	10～15次	30秒
交叉臂踢腿跳	3组	12次	30秒
前后摆腿	3组	12次	30秒

放松运动

训练后的放松，不仅是为了让肌肉消除紧张状态，也是为了让肌肉得到充分的休息与恢复，变得更强壮有力。

训练后身体的肌肉还处于紧张状态中，对其进行拉伸和放松，使肌纤维舒展开来，有助于肌肉恢复良好状态。另外，训练过程中产生的代谢废物——乳酸，会造成肌肉的酸痛感，放松运动能加速乳酸等代谢废物排出，减轻运动疲劳与肌肉酸痛感。

训练后的放松有多种方式可选择——静态拉伸和被动拉伸、瑜伽、按摩、热水浴等。这些方式都偏向于慢节奏，甚至是静态的，有利于训练者身心的放松。

腹部放松计划

动作名称	组数	持续时间	休息时间
腹部拉伸	3组	20～40秒	10秒
侧腹部拉伸	3组	20～40秒	10秒
过顶拉伸	3组	20～40秒	10秒
坐姿过顶侧向拉伸	3组	20～40秒	10秒

上肢放松计划

动作名称	组数	持续时间	休息时间
肱二头肌拉伸	3组	20～40秒	10秒
肱三头肌侧向拉伸	3组	20～40秒	10秒
肱三头肌拉伸	3组	20～40秒	10秒
跪姿前臂拉伸	3组	20～40秒	10秒

第2章

训练动作

俯卧撑

俯卧撑是常见的有助于增强胸大肌锻炼效果的健身动作，主要锻炼胸部、上肢及腹部的肌肉。

正确做法

- 核心收紧
- 身体呈一条直线
- 上臂靠近身体两侧

避免

- 背部向上拱起
- 臀部向下塌

1 俯撑姿势，双手和双脚脚尖撑于垫上，躯干保持挺直，双臂伸直置于肩关节正下方，双脚略分开。

2 身体呈一条直线，核心收紧，上臂紧贴身体两侧，肘关节屈曲至躯干接近垫面。

3 双手发力将身体撑起，回到起始姿势。重复以上步骤至规定次数。

教练提示

运动过程中，核心收紧，躯干保持挺直，目视斜下方45度。身体下降时吸气，身体上升时呼气。利用肩关节和肘关节的屈曲与伸展，增强胸部肌群力量。

【肌肉解剖前视图】

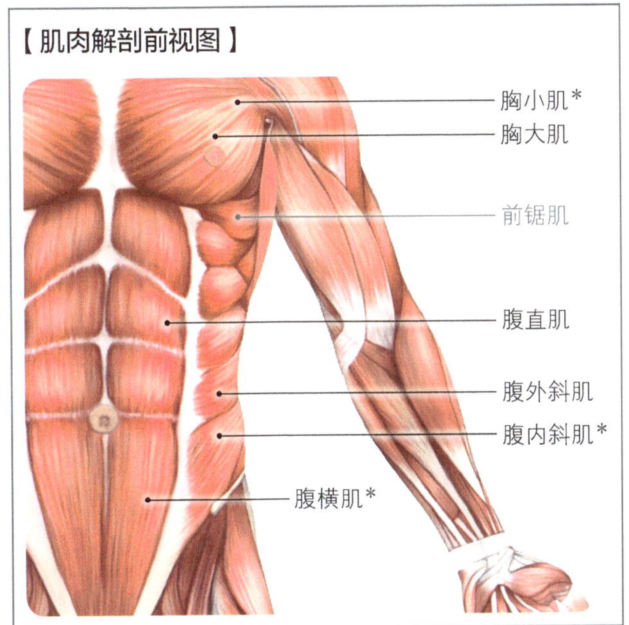

锻炼目标

- 胸部
- 手臂
- 核心

锻炼器械

- 无

级别

- 初级

呼吸提示

- 身体下降时吸气，身体上升时呼气

益处

- 提高核心稳定性
- 增强上肢力量

注意

- 肩部损伤
- 腕部损伤

解析关键

- 黑色字体为主要锻炼的肌肉
- 灰色字体为次要锻炼的肌肉

* 为深层肌肉

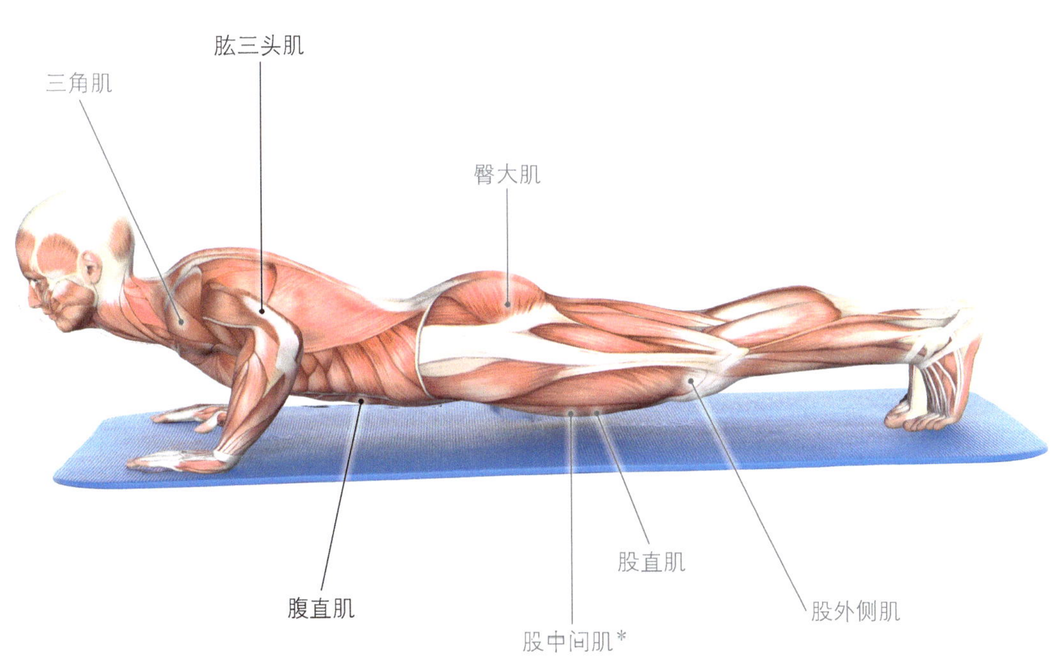

钻石俯卧撑

钻石俯卧撑是俯卧撑的进阶动作，难度相对较大，更依靠肱三头肌发力。做钻石俯卧撑动作需双手相触，双手拇指和食指构成近似菱形的形状。

正确做法

- 肩部、颈部放松
- 背部保持挺直
- 肘关节伸直时不要锁死

避免

- 背部向上拱起
- 肘关节伸直时锁死

1 身体呈四点支撑的俯撑姿势，双手和双脚脚尖撑于垫上，双脚略分开。双臂伸直，双手拇指和食指相触。保持身体在一条直线上。

2 保持核心收紧，屈肘，身体下降至手肘与肩部齐平，快速推起身体，恢复准备姿势。重复以上步骤至规定次数。

教练提示

钻石俯卧撑主要锻炼胸大肌和肱三头肌，通过肩关节、肘关节和腕关节的屈曲与伸展增强胸部和手臂肌群力量。运动过程中注意，肘部不要过度向两侧展开。

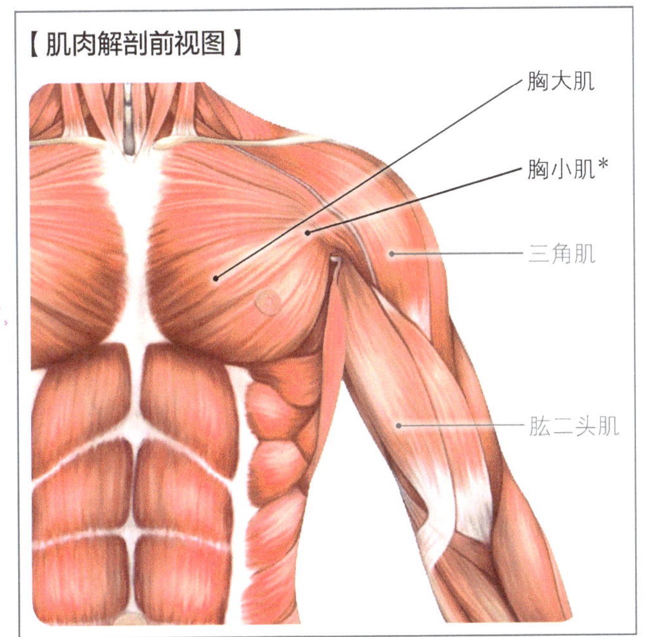

锻炼目标

- 胸部
- 手臂
- 核心

锻炼器械

- 无

级别

- 高级

呼吸提示

- 身体下降时吸气，身体上升时呼气

益处

- 增强胸部、上臂肌群力量
- 提高肩部稳定性

注意

- 腕部疼痛
- 肩部疼痛

解析关键

- 黑色字体为主要锻炼的肌肉
- 灰色字体为次要锻炼的肌肉

* 为深层肌肉

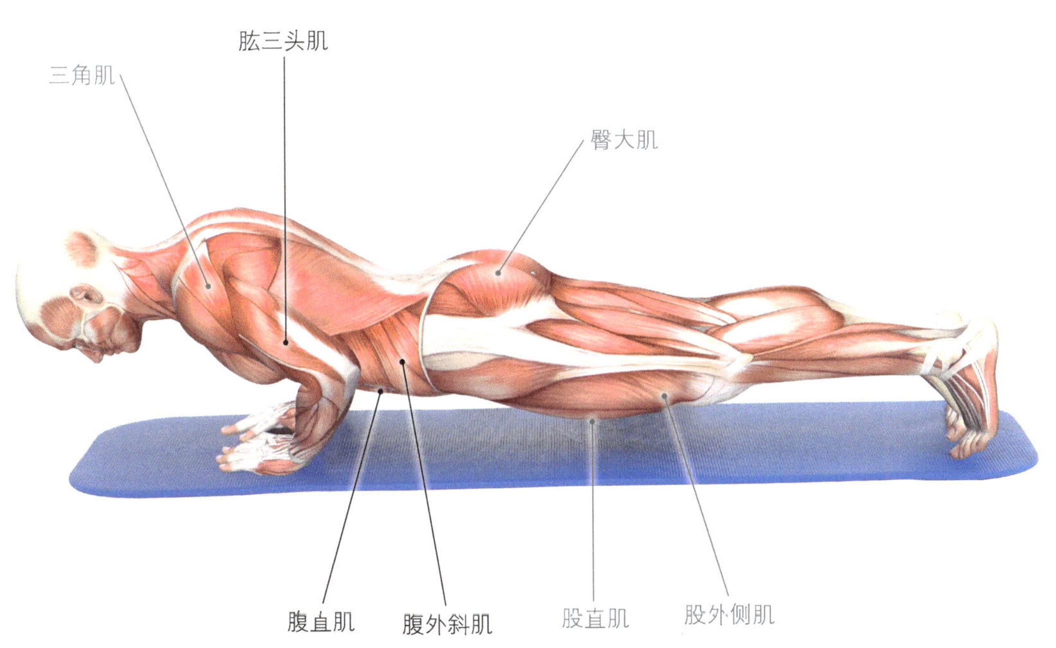

下斜俯卧撑

下斜俯卧撑的起始姿势要求身体与地面平行，所以不会借助后背力量，更专注锻炼胸部和手臂的肌肉。

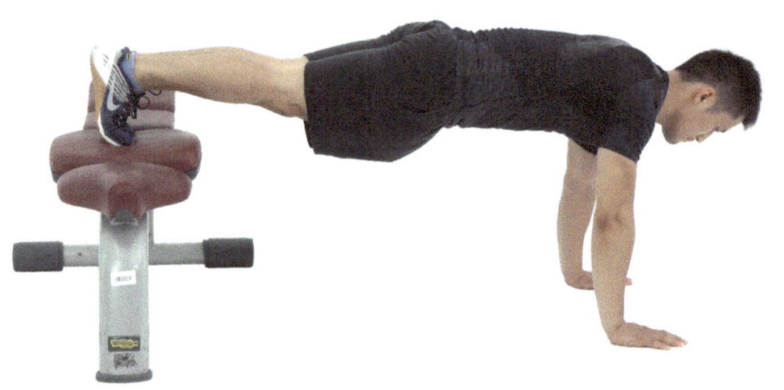

正确做法

- 背部挺直
- 核心收紧
- 身体呈一条直线

避免

- 臀部下塌
- 膝关节弯曲

1 俯撑姿势，双脚脚尖撑在训练椅上，双手撑地且距离略比肩宽，手臂伸直，身体呈一条直线。

2 双臂屈肘，身体下降至胸部几乎碰到地面，上臂与躯干夹角约为45度。

3 双臂撑起，快速推起身体，回到起始姿势。重复以上步骤至规定次数。

教练提示

此动作主要锻炼胸大肌，利用肘关节和肩关节的屈曲与伸展，增强胸部和手臂肌群的力量。运动时呈俯撑姿势，目视斜下方45度，双脚放在训练椅上使身体下斜。

【肌肉解剖前视图】

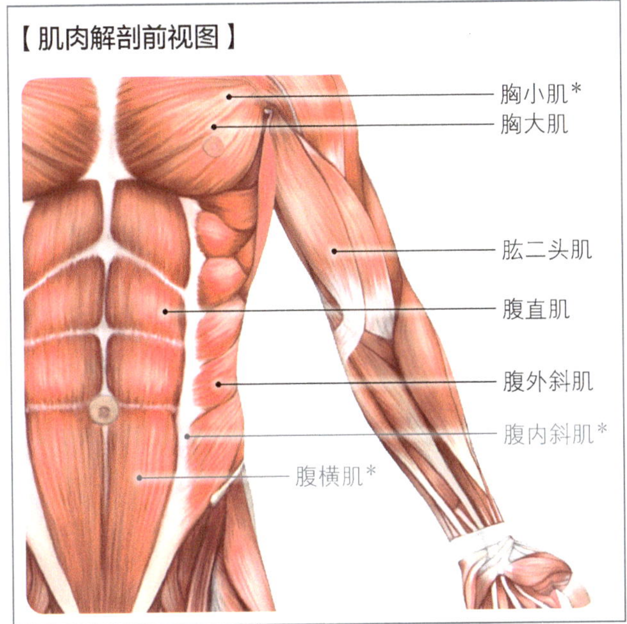

锻炼目标

- 胸部
- 手臂
- 核心

锻炼器械

- 训练椅

级别

- 初级

呼吸提示 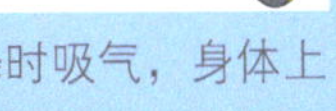

- 身体下降时吸气，身体上升时呼气

益处

- 增强双臂力量
- 拉伸胸部肌肉

注意 

- 肘部损伤
- 肩部问题

解析关键

- 黑色字体为主要锻炼的肌肉
- 灰色字体为次要锻炼的肌肉

* 为深层肌肉

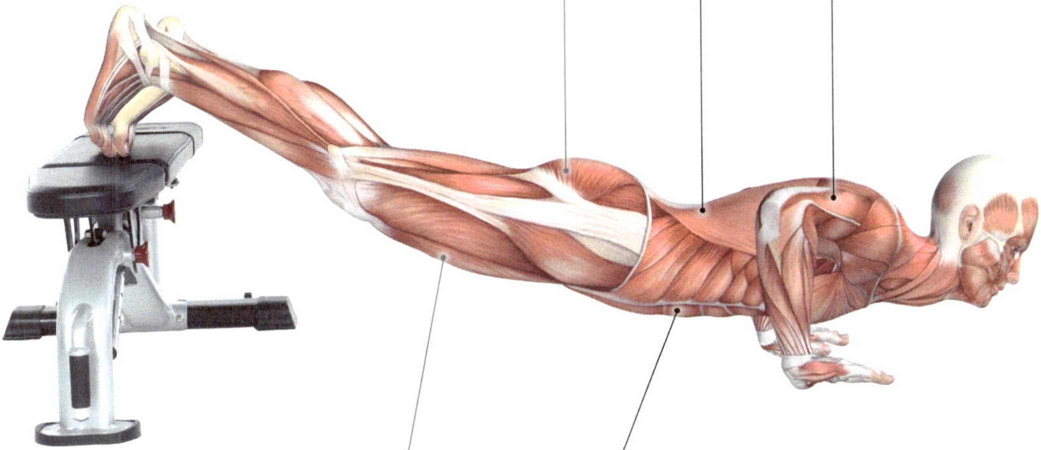

臀大肌
背阔肌
肱三头肌
股直肌
腹直肌

宽距俯卧撑

宽距俯卧撑动作可以增加对胸部肌肉的负荷刺激。在进行训练时要使双手间距比肩部宽。

正确做法

- 核心收紧
- 背部保持挺直
- 身体呈一条直线

避免

- 膝关节弯曲
- 背部弯曲，臀部过于向上

1 俯撑姿势，双手撑于瑜伽垫两侧，双脚脚尖撑于垫上，双手距离约为肩宽的两倍，手臂伸直，双脚略分开，身体呈一条直线。

2 双臂屈肘，身体下降至胸部几乎碰到垫面，上臂与躯干夹角约为90度。双臂撑起，恢复准备姿势。重复以上步骤至规定次数。

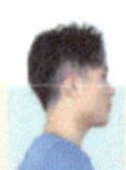

教练提示

此动作主要锻炼胸大肌、肱三头肌和核心肌群，利用肘关节和肩关节的屈曲与伸展增强胸部肌群的力量。运动时呈俯撑姿势，双手分开撑于瑜伽垫两侧。

【肌肉解剖前视图】

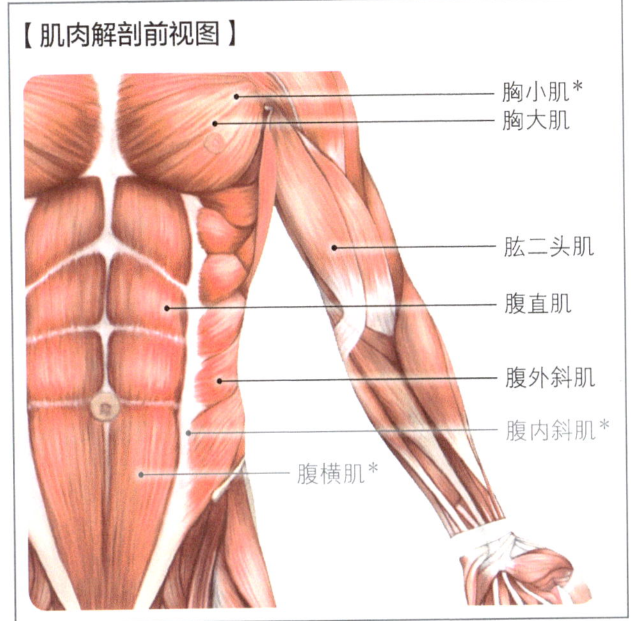

锻炼目标

- 胸部
- 手臂
- 核心

锻炼器械

- 无

级别

- 初级

呼吸提示

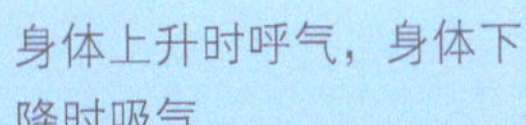

- 身体上升时呼气，身体下降时吸气

益处

- 提高胸部力量
- 增强肩部稳定性
- 增强核心稳定性

注意

- 肩部疼痛
- 上肢损伤

解析关键

- 黑色字体为主要锻炼的肌肉
- 灰色字体为次要锻炼的肌肉

* 为深层肌肉

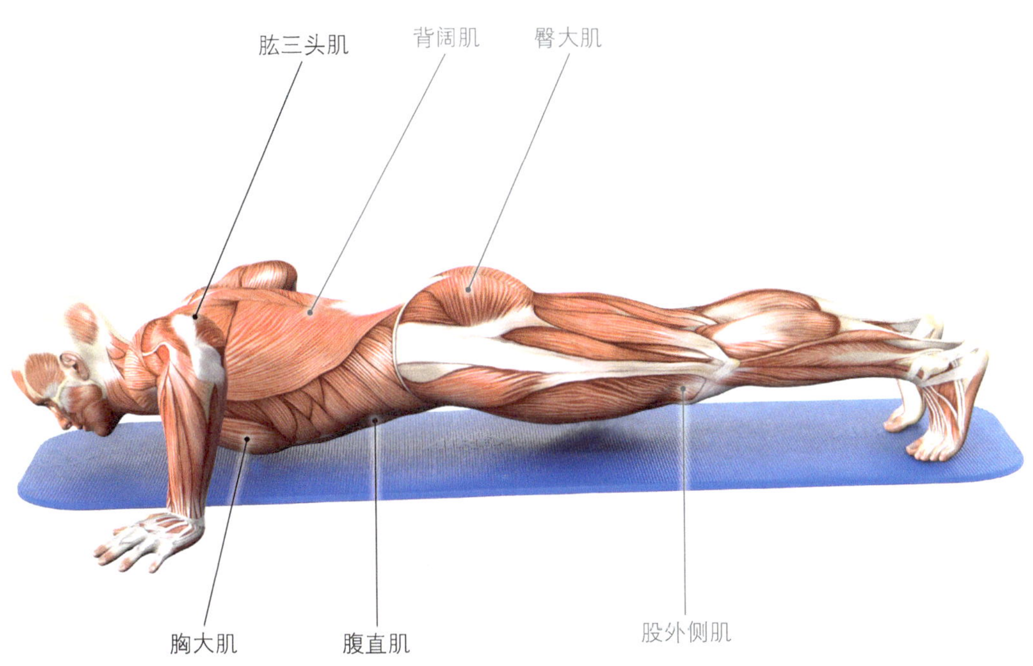

蜘蛛俯卧撑

蜘蛛俯卧撑能够强化腹部、臀部和大腿等部位的肌肉；增强上身肌肉力量，使肩部和臀部肌肉更加灵活。

正确做法

- 背部挺直
- 核心收紧
- 保持脚尖撑于垫上

避免

- 双手移动
- 膝关节着地

1 双臂伸直，分开与肩同宽，双腿弯曲，双手和双脚脚尖支撑于垫上，双脚分开。背部挺直，核心收紧，手臂与躯干呈一条直线。

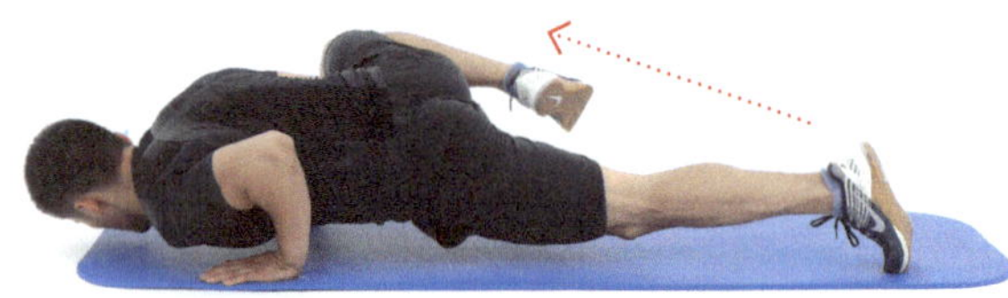

2 双腿发力将身体重心向前方移动，同时手臂弯曲下降至上臂与地面大致平行，右腿外展上提，使大腿尽量贴近躯干侧面后收回右腿。

3 胸部和上臂发力将身体快速推回起始姿势。

4 双腿发力将身体重心向前方移动，同时手臂弯曲下降至上臂与地面大致平行，左腿外展上提，使大腿尽量贴近躯干侧面后收回左腿。

教练提示

此动作主要锻炼胸大肌、三角肌和肱三头肌，增强胸部和肩臂肌群力量。

5 胸部和上臂发力将身体快速推回起始姿势。重复以上步骤至规定次数。

【肌肉解剖前视图】

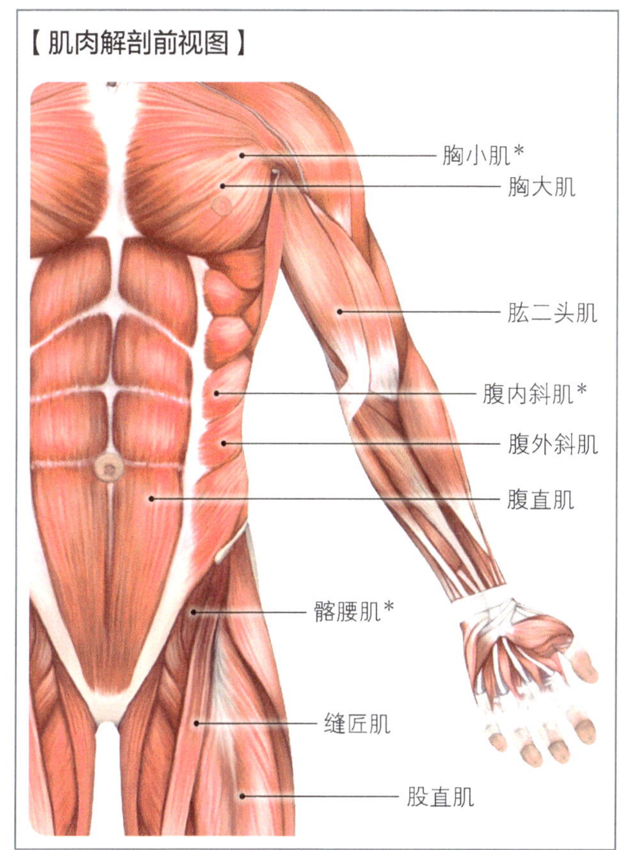

锻炼目标

- 胸部
- 手臂
- 核心

锻炼器械

- 无

级别

- 高级

呼吸提示 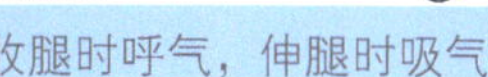

- 收腿时呼气，伸腿时吸气

益处

- 提高核心稳定性
- 增强胸部力量

注意 

- 腕部疼痛
- 肩部疼痛

解析关键

- 黑色字体为主要锻炼的肌肉
- 灰色字体为次要锻炼的肌肉

* 为深层肌肉

跪姿释手俯卧撑

跪姿释手俯卧撑适当降低了训练难度，让手臂和胸部力量不足的人更容易完成锻炼。

正确做法

- 全程核心保持收紧
- 身体呈一条直线
- 头部与躯干保持中立位

避免

- 背部弯曲
- 脚部向上抬起

1 俯卧，面部朝下。双手撑于垫上，双臂位于肩部正下方，双手分开与肩同宽，双臂垂直于地面。双膝撑于垫上，两腿屈膝，两脚并拢，大腿与躯干呈一条直线。

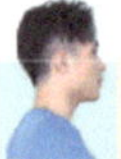

教练提示

此动作主要锻炼胸大肌、三角肌和肱二头肌，增强胸部力量和提高核心稳定性。

2 躯干保持挺直，屈肘使身体向下，胸部紧贴垫面。此时核心收紧，躯干保持不动，抬起双手至离开垫面。

3 双手再次撑于垫上，伸肘撑起身体，头部和躯干保持中立位，核心收紧、躯干不动。重复以上步骤至规定次数。

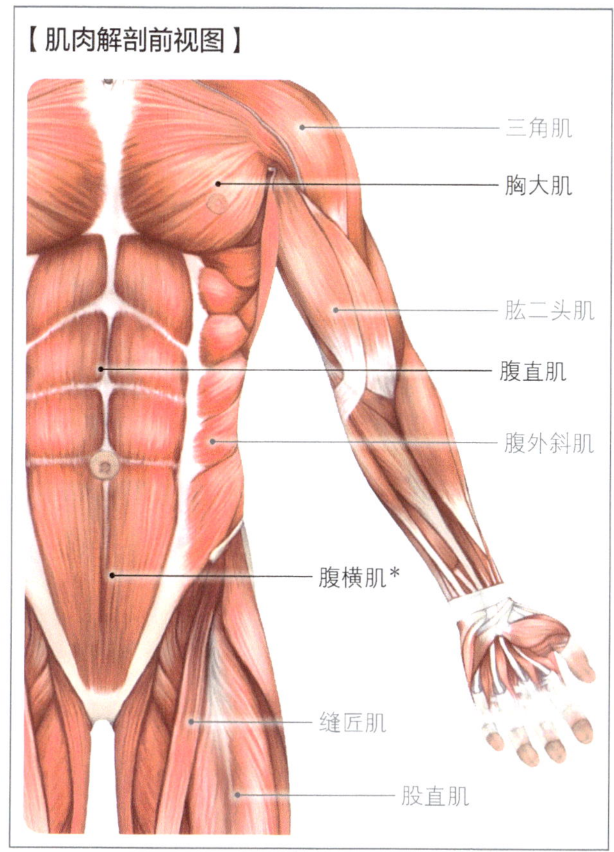

锻炼目标

- 胸部
- 手臂
- 核心

锻炼器械

- 无

级别

- 中级

呼吸提示

- 身体向上时呼气，身体向下时吸气

益处

- 提高核心稳定性
- 增强胸部力量

注意

- 腕部疼痛
- 肩部疼痛

解析关键

- 黑色字体为主要锻炼的肌肉
- 灰色字体为次要锻炼的肌肉

* 为深层肌肉

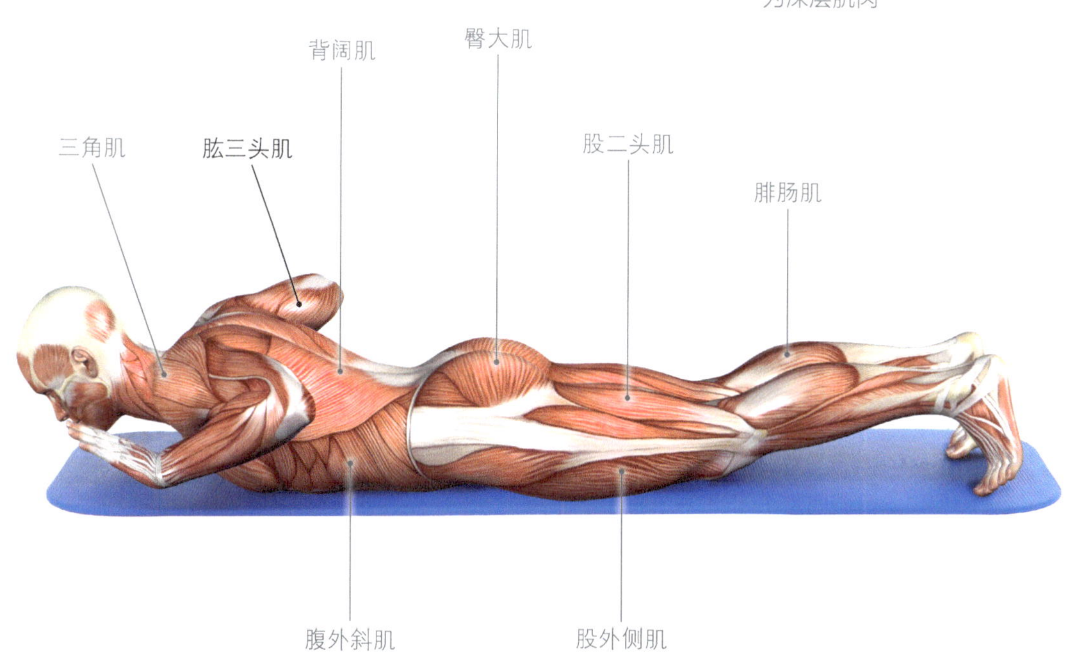

仰卧起坐

仰卧起坐可加强腹部力量，并适当拉伸背部肌肉和脊椎，增强身体素质。

1 平躺在垫上，双腿略分开，屈髋屈膝，全脚掌撑于垫上，双手扶在头两侧，肘关节指向外侧。

正确做法

- 全程核心保持收紧
- 控制身体匀速下降

避免

- 背部弯曲
- 头部过度用力

教练提示

此动作主要锻炼核心肌群。身体下降至垫面时，要控制速度而非依靠惯性。

2 呼气，腹肌发力卷腹，带动躯干向上。

3 躯干向上至直立坐起，然后缓慢回到起始姿势并吸气。重复以上步骤至规定次数。

【肌肉解剖前视图】

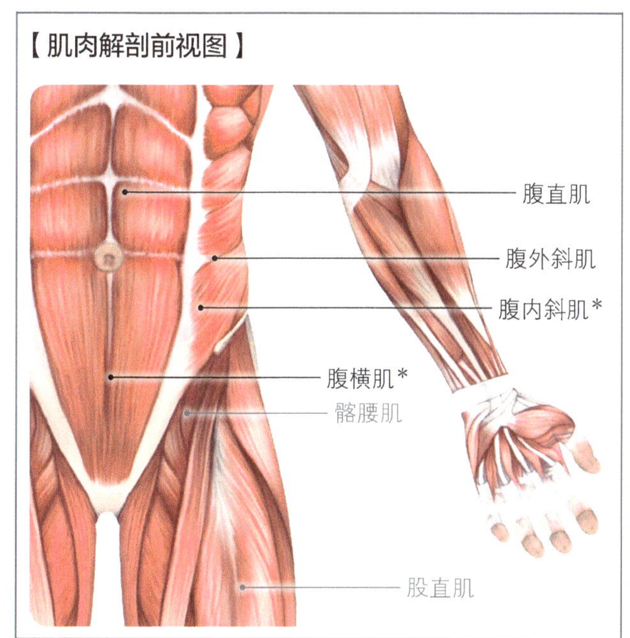

锻炼目标

- 核心

锻炼器械

- 无

级别

- 中级

呼吸提示

- 身体向上时呼气，身体向下时吸气

益处

- 提高核心稳定性
- 增强腹部力量

注意

- 腰椎疼痛

解析关键

- 黑色字体为主要锻炼的肌肉
- 灰色字体为次要锻炼的肌肉

* 为深层肌肉

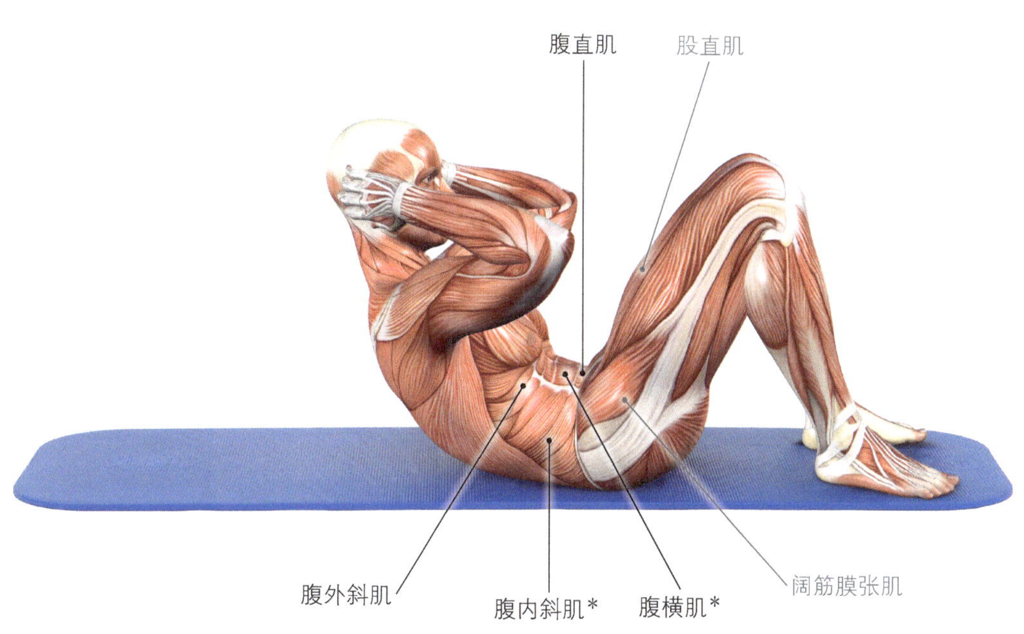

仰卧两头起

仰卧两头起作为双重卷腹动作可以锻炼整个腹肌，不要依靠惯性迅速完成动作，而是利用腹部慢节奏地、有控制地完成动作。完成该动作时，双脚夹哑铃可增加训练难度。

1 平躺在垫上，核心持续收紧，四肢伸直悬空，并分别指向斜外侧。

正确做法

- 核心保持收紧
- 四肢尽量保持悬空
- 四肢协调一致

避免

- 膝关节过度弯曲
- 头部发力

2 腹肌与四肢发力使四肢向上举起，此时双腿内收、伸直并拢，双手伸向双脚。在这个过程中呼气。

3 吸气的同时身体缓慢下落。重复以上步骤至规定次数。

教练提示

此动作主要锻炼腹肌。在运动过程中，要始终保持收紧核心。

【肌肉解剖前视图】

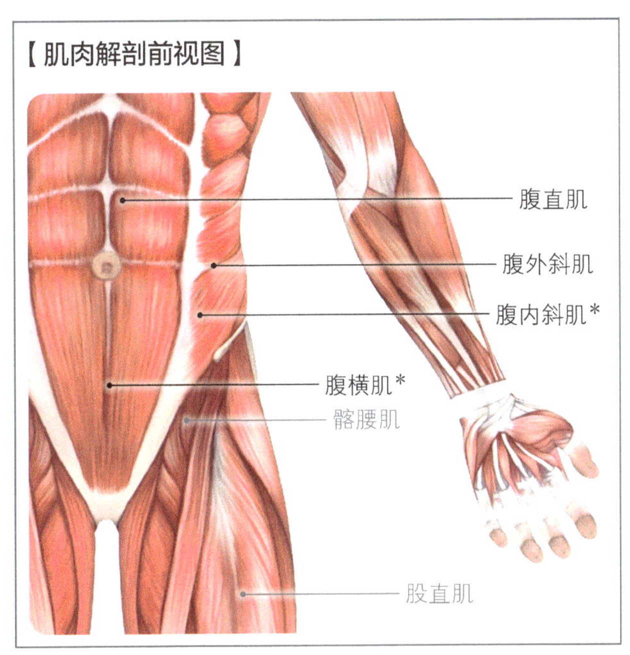

锻炼目标
- 核心

锻炼器械
- 无

级别
- 中级

呼吸提示
- 手脚向上举起时呼气，手脚还原时吸气

益处
- 提高核心稳定性
- 强健腹部肌肉

注意
- 下背部疼痛

解析关键

- 黑色字体为主要锻炼的肌肉
- 灰色字体为次要锻炼的肌肉

* 为深层肌肉

卷腹膝碰肘

卷腹膝碰肘可集中训练单侧腹肌，并有效提高膝部的发力能力，增强腹部力量。

1 平躺在垫上，双腿伸直，紧贴垫面，双手伸直举过头顶。

正确做法

- 核心保持收紧
- 手脚全程悬空
- 双腿缓慢交替运动

避免

- 双腿交替过快

教练提示

此动作主要锻炼核心肌群。运动过程中保证髋关节与膝关节的充分伸展。

2 大腿与地面呈30度，腹肌发力，屈髋屈膝，卷腹坐起，同时双臂在胸前屈曲，双手扶在头两侧。一侧腿屈髋屈膝幅度增加，膝关节与对侧肘关节相碰，同时对侧腿伸直蹬出。

3 换至对侧重复步骤2。

4 恢复准备姿势。重复以上步骤至规定次数。

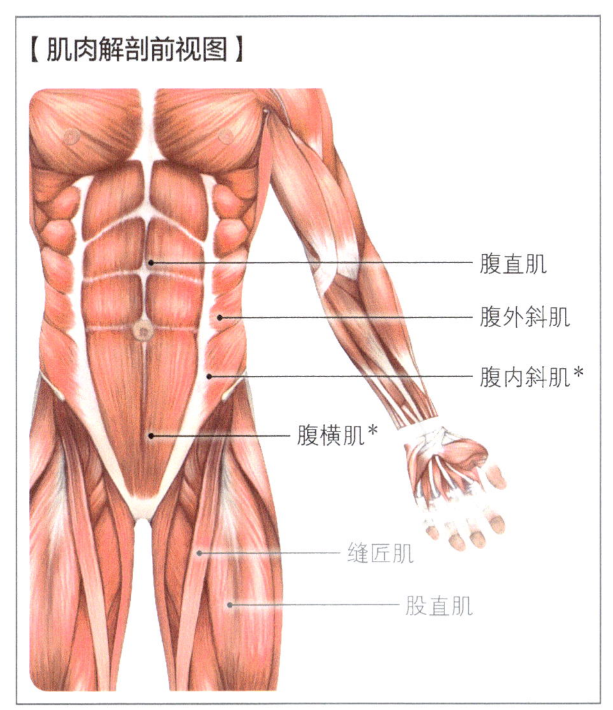

锻炼目标

- 核心

锻炼器械

- 无

级别

- 中级

呼吸提示 

- 全程均匀呼吸

益处

- 提高核心稳定性
- 增强腹部力量

注意

- 背部疼痛
- 膝关节疼痛

解析关键

- 黑色字体为主要锻炼的肌肉
- 灰色字体为次要锻炼的肌肉

* 为深层肌肉

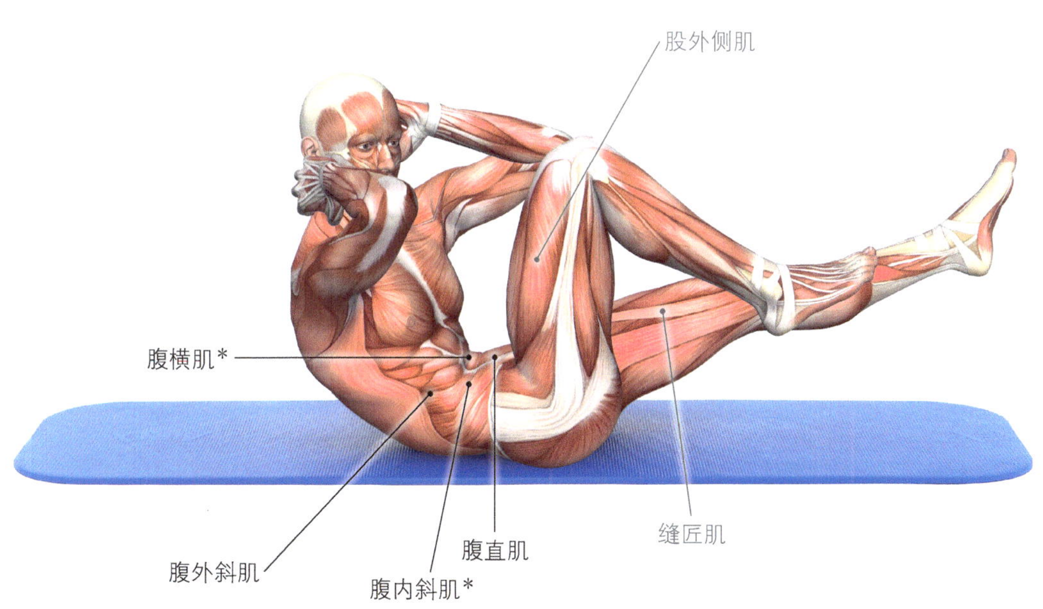

仰卧交替摸脚跟

仰卧交替摸脚跟通过躯干侧屈可锻炼腹部肌肉，连贯的动作可对腹部两侧肌肉进行充分的刺激。

正确做法

- 核心保持收紧
- 手摸脚踝时手臂与双肩保持悬空
- 双脚位置固定

避免

- 双脚移动位置

1 平躺在垫上，双臂伸直放在身体两侧。双腿屈髋屈膝，双脚分开与肩同宽，全脚掌撑于垫上，核心收紧，将肩膀抬起，下背部贴住垫面。

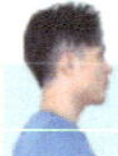

教练提示

此动作主要锻炼腹部肌肉，腹部发力以保持下背部贴住垫面。

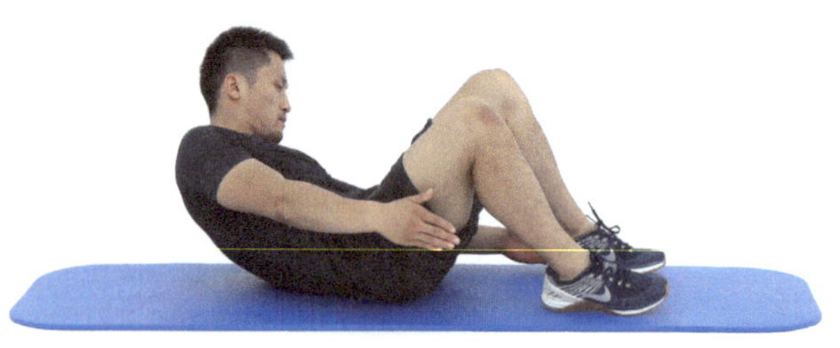

2 保持下背部贴住垫面，躯干向一侧屈曲，用该侧手摸同侧脚跟，同时呼气。

3 换至对侧重复步骤2。

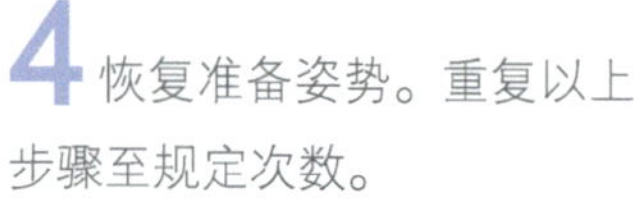

4 恢复准备姿势。重复以上步骤至规定次数。

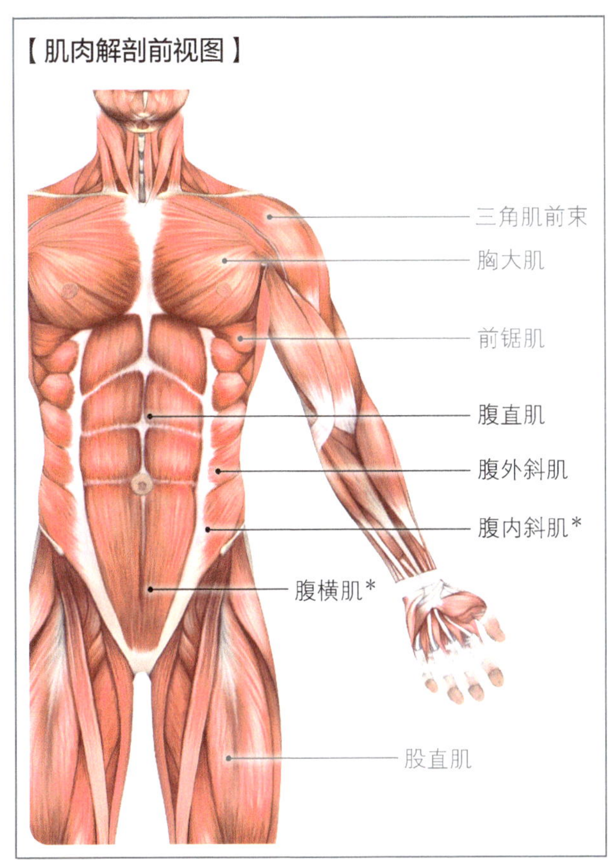

锻炼目标

- 核心

锻炼器械

- 无

级别

- 初级

呼吸提示

- 摸脚跟时呼气，还原时吸气

益处

- 提高核心稳定性
- 增强腹部力量

注意

- 下背部疼痛

解析关键

- 黑色字体为主要锻炼的肌肉
- 灰色字体为次要锻炼的肌肉

* 为深层肌肉

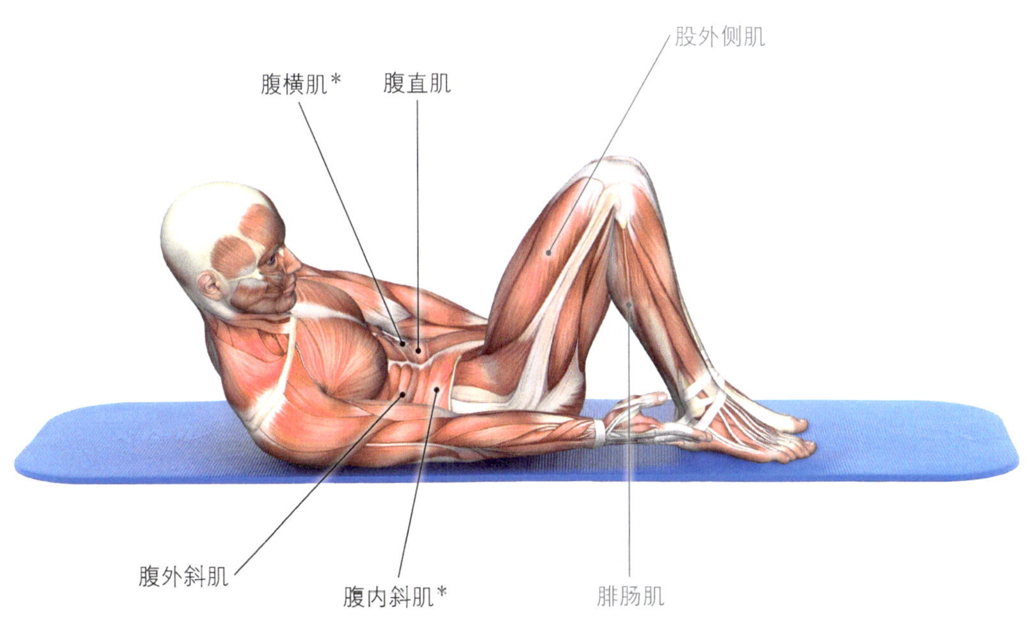

手脚抬起仰卧扭转

手脚抬起仰卧扭转通过扭转身体可锻炼腹部肌肉，连贯的动作可对腹部两侧肌肉进行充分的刺激。

1 平躺在垫上，双腿伸直并拢，抬至与地面的夹角约为30度，双臂伸直举过头顶，与地面的夹角约为45度。

正确做法

- 核心保持收紧
- 背部始终保持挺直
- 双腿并拢伸直

避免

- 双腿弯曲
- 背部弯曲

教练提示

运动过程中要始终保持背部挺直、核心收紧。

2 保持膝关节伸直，腹部发力，使躯干及四肢同时向身体一侧扭转，直至四肢与地面的夹角约为45度。

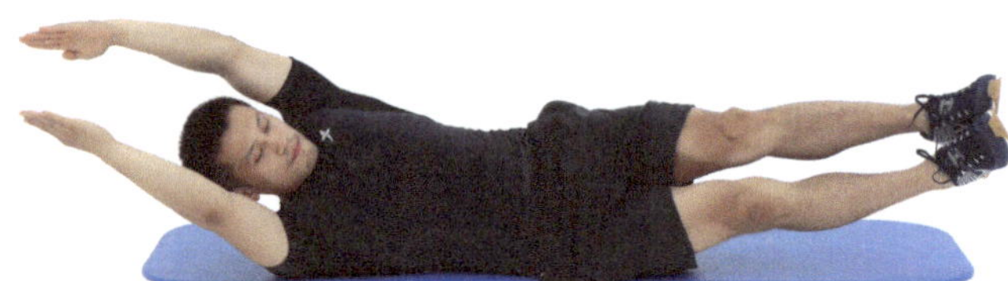

3 换至对侧重复步骤2。

4 恢复准备姿势。重复以上步骤至规定次数。

【肌肉解剖前视图】

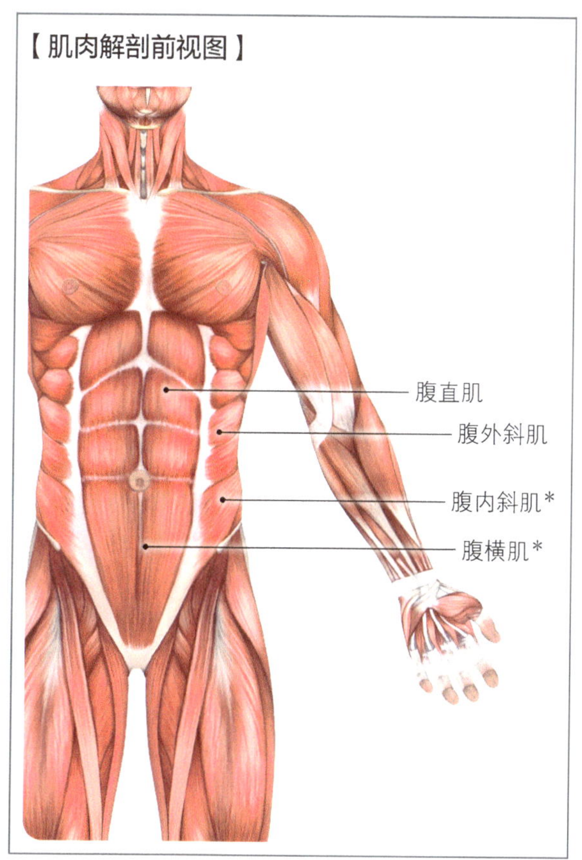

锻炼目标

- 核心

锻炼器械

- 无

级别

- 中级

呼吸提示 

- 扭转时呼气，还原时吸气

益处

- 提高核心稳定性
- 增强核心力量

注意

- 腰背部疼痛

解析关键

- 黑色字体为主要锻炼的肌肉
- 灰色字体为次要锻炼的肌肉

* 为深层肌肉

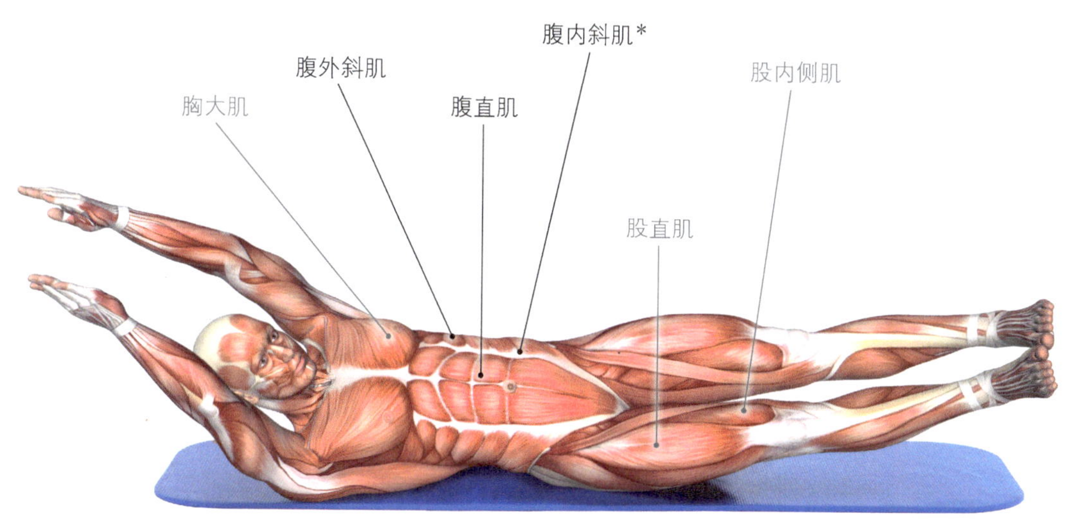

侧平板支撑膝碰肘

侧平板支撑膝碰肘在侧平板支撑的基础上增加了动作难度，从而可以进一步提高核心稳定性。

1 侧平板支撑姿势，一侧手臂肘关节弯曲90度撑于垫上，上臂垂直于地面，同侧脚侧面撑于垫上，核心持续收紧，腰背挺直。

正确做法

- 核心保持收紧
- 支撑腿始终伸直
- 腰背挺直

避免

- 髋部下塌

教练提示

动作过程中避免肩部承受过多的压力，保持肩部和支撑腿受力均匀。

2 保持身体平衡，腹肌发力使远离地面一侧的手肘和膝关节相碰，然后回到起始姿势。肘和膝关节相碰的时候呼气，还原的时候吸气。重复以上步骤至规定次数。

3 回到起始姿势，换至对侧重复以上步骤至规定次数。

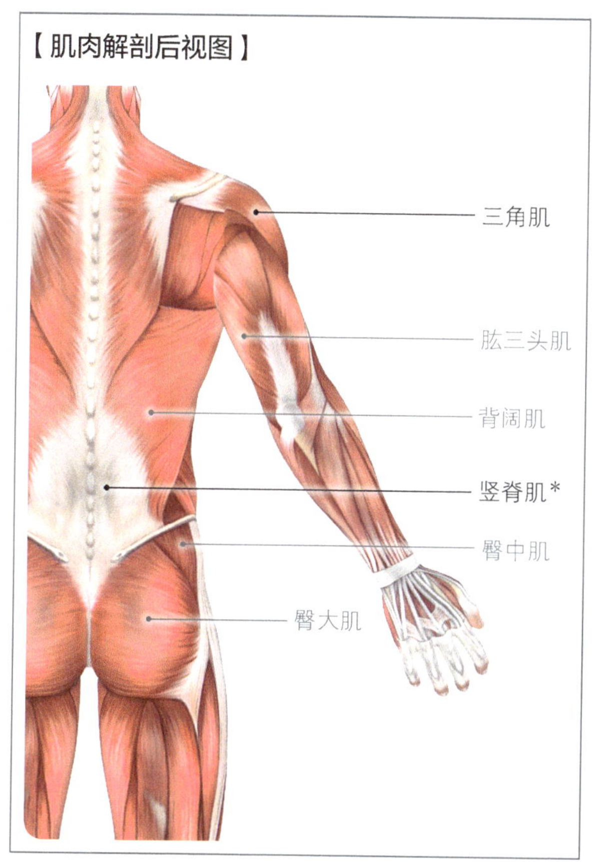

锻炼目标

- 核心
- 肩部

锻炼器械

- 无

级别

- 高级

呼吸提示

- 肘膝相碰时呼气，还原时吸气

益处

- 提高核心稳定性
- 增强腹部力量

注意

- 肩部疼痛

解析关键

- 黑色字体为主要锻炼的肌肉
- 灰色字体为次要锻炼的肌肉

* 为深层肌肉

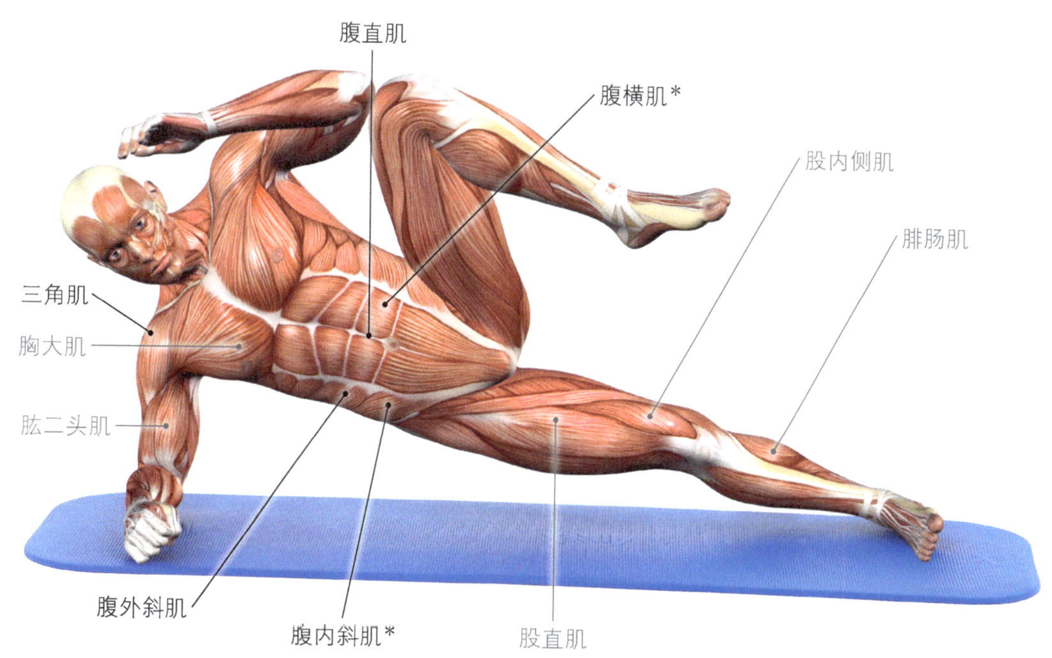

坐姿交替收腿

坐姿交替收腿可以锻炼腹直肌与股直肌等，能够维持腿部的线条，增强耐力和协调性。

1 坐于垫上，双腿伸直分开并抬离地面。上半身后仰，与地面的夹角约为45度，保持背部挺直。双肘屈曲，双手撑于臀部后方的垫上。

2 腹肌发力，一侧腿屈髋屈膝，使该侧大腿向躯干收起并保持片刻。

3 收起的腿慢慢伸直，回到起始姿势，同时用对侧腿重复步骤2。两腿交替进行收腿动作，重复至规定次数。

4 动作完成后回到起始姿势。

正确做法

- 腿部、腹部持续发力
- 收起一侧腿时，膝关节尽量贴近胸部

避免

- 双腿接触地面

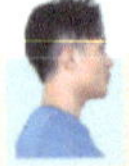

教练提示

保持动作的连贯性，核心收紧，避免身体重心不稳、躯干晃动。

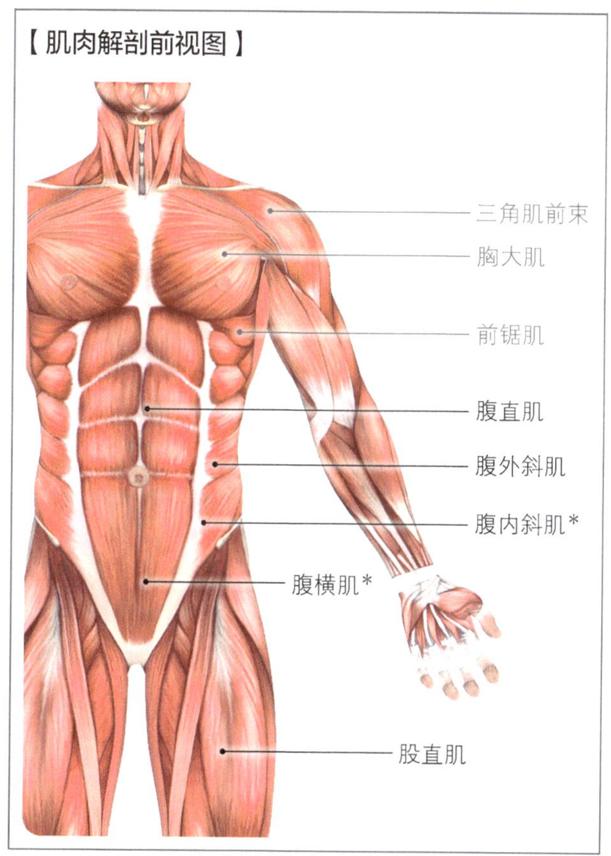

锻炼目标

- 核心
- 大腿

锻炼器械

- 无

级别

- 中级

呼吸提示 

- 全程均匀呼吸

益处

- 提高核心稳定性
- 增强腿部肌肉力量

注意 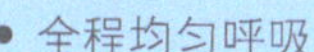

- 膝关节疼痛
- 髋关节疼痛

解析关键

- 黑色字体为主要锻炼的肌肉
- 灰色字体为次要锻炼的肌肉

* 为深层肌肉

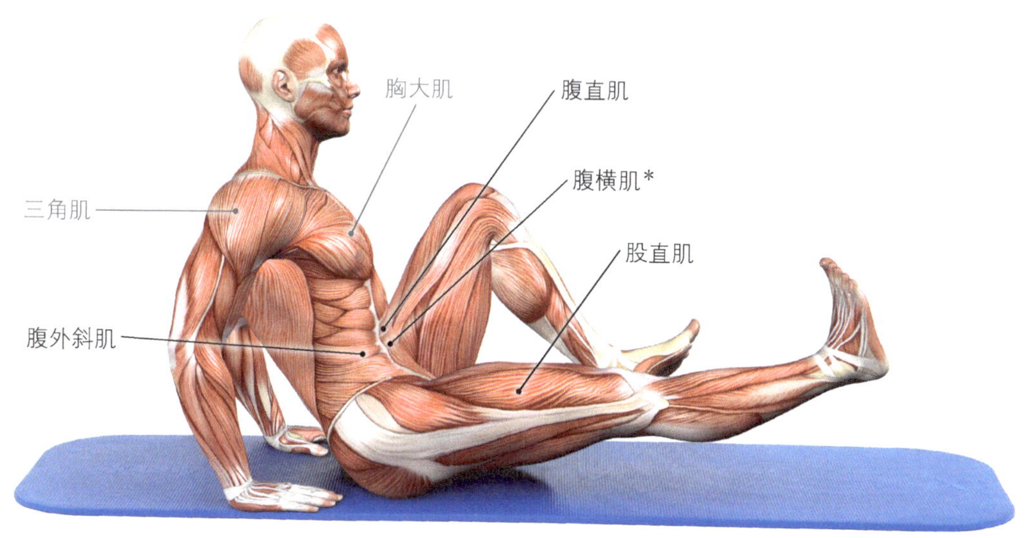

仰卧叠腿屈伸

仰卧叠腿屈伸可以充分刺激到腹肌、股四头肌，进一步增强核心力量。

1 仰卧于垫上，双脚在踝关节处交叉，屈膝屈髋90度。核心收紧，头部抬离垫子。双手掌心向下放于身体两侧。

正确做法

- 上半身保持稳定
- 核心收紧

避免

- 双腿晃动

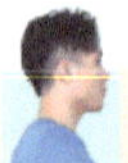

教练提示

运动过程中始终保持核心收紧，避免头颈代偿。

2 核心保持收紧，膝关节伸直。

3 回到起始姿势。重复以上步骤至规定次数。

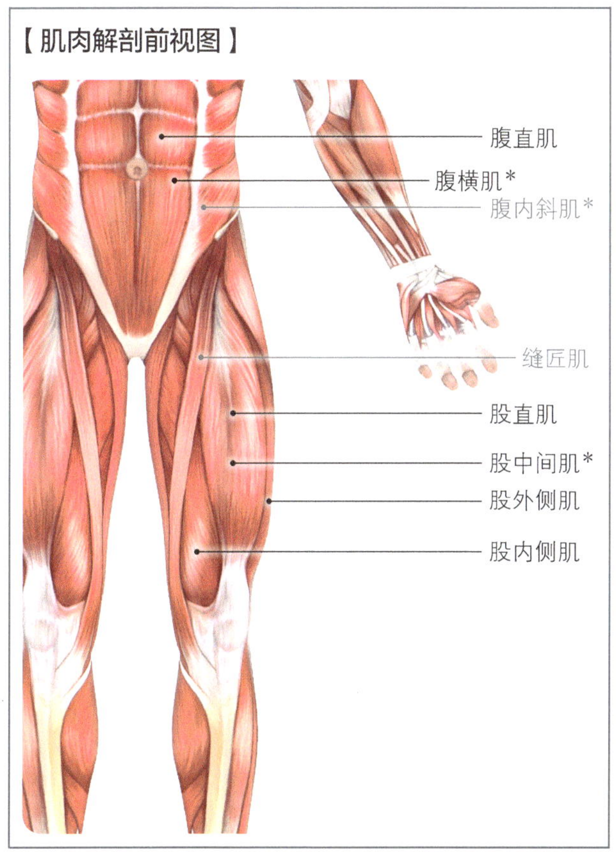

锻炼目标

- 核心
- 大腿

锻炼器械

- 无

级别

- 初级

呼吸提示

- 伸膝时呼气，还原时吸气

益处

- 拉伸腿部肌肉
- 增强核心力量

注意

- 髋关节疼痛

解析关键

- 黑色字体为主要锻炼的肌肉
- 灰色字体为次要锻炼的肌肉

* 为深层肌肉

仰卧收腿

仰卧收腿通过提膝和卷腹，锻炼腹部肌肉。作为核心锻炼的入门动作，该动作比较简单，非常适合健身初学者。

正确做法

- 核心保持收紧
- 背部挺直
- 双臂位置固定

避免

- 头部向上抬起

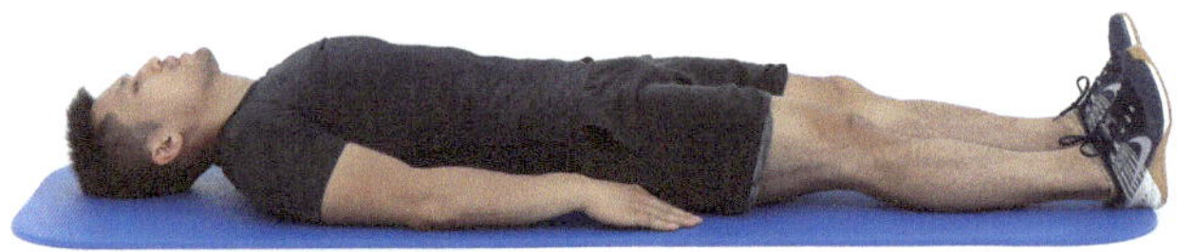

1 平躺在垫上，双腿伸直，双脚略分开，双臂伸直放在身体两侧，掌心向下。

教练提示

此动作通过提膝和卷腹，锻炼腹直肌。注意避免颈部承受的压力过大。

2 腹肌发力，双脚并拢，屈髋屈膝将双腿抬起至与腹部接近垂直。

3 卷腹提臀，直至大腿前侧触碰到腹部，在此过程中呼气。然后回到起始姿势，同时吸气。重复以上步骤至规定次数。

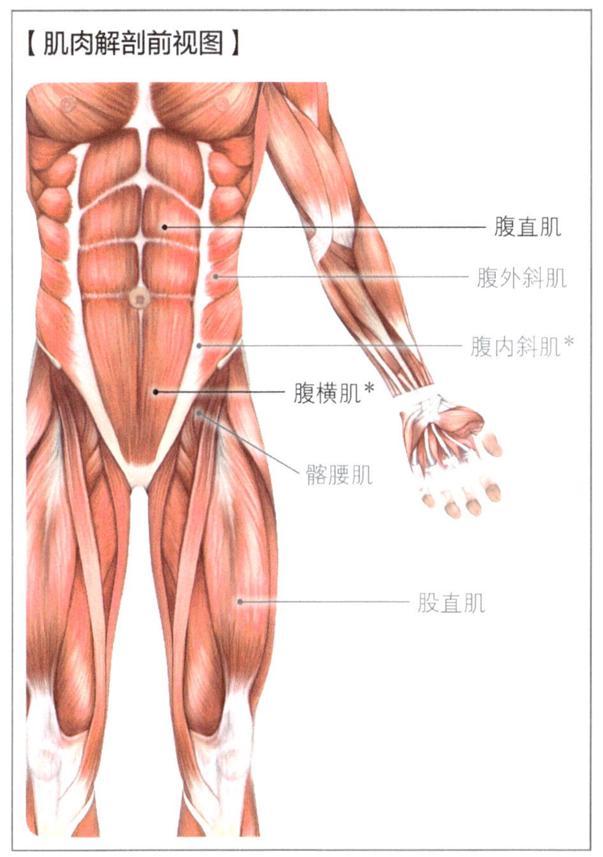

锻炼目标

- 核心

锻炼器械

- 无

级别

- 中级

呼吸提示

- 腿部上举时呼气，还原时吸气

益处

- 增强核心力量

注意

- 颈部疼痛

解析关键

- 黑色字体为主要锻炼的肌肉
- 灰色字体为次要锻炼的肌肉

* 为深层肌肉

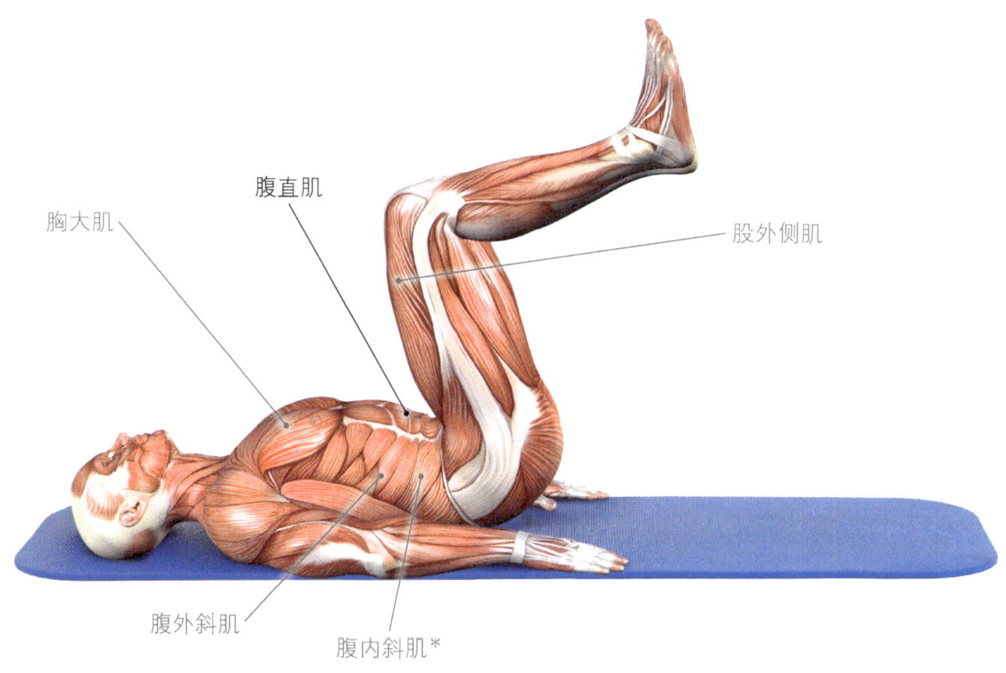

仰卧开合腿

仰卧开合腿是针对腿部的训练动作，可用于拉伸大腿肌肉以增强腿部肌肉的柔韧性。

1 平躺在垫上，双腿伸直举起与地面垂直，双臂伸直放在身体两侧，掌心朝下，保持身体平衡。

正确做法

- 核心保持收紧
- 双腿保持伸直
- 双臂位置固定

避免

- 头部上抬

教练提示

此动作主要通过髋关节内收与外展拉伸目标肌肉，注意避免肌肉拉伤。

2 膝关节微曲，双腿向两侧外展至最大幅度。

3 核心收紧，大腿内侧肌肉发力，使双腿回到起始位置。重复以上步骤至规定次数。

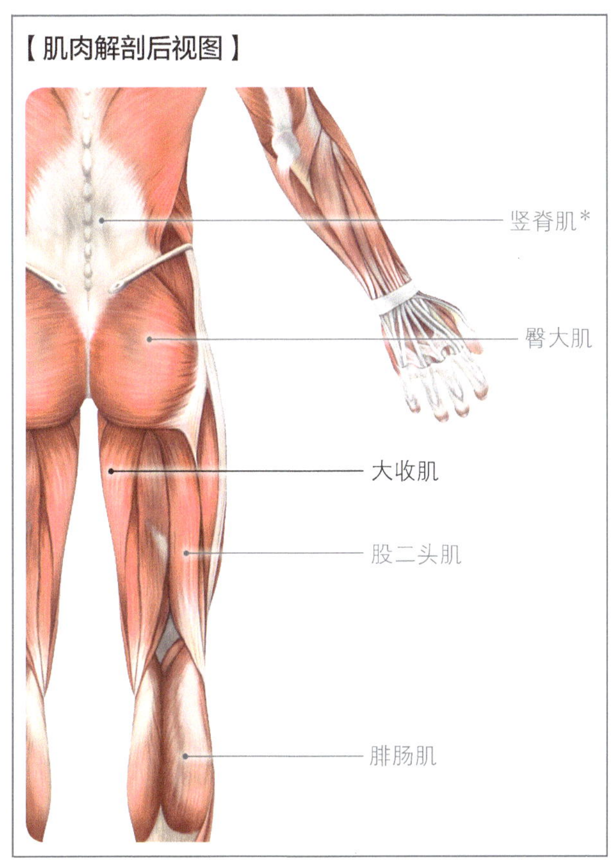

锻炼目标

- 大腿

锻炼器械

- 无

级别

- 初级

呼吸提示

- 并拢腿时呼气，外展腿时吸气

益处

- 拉伸腿部内侧肌肉
- 增强腿部内侧肌肉柔韧性

注意

- 腿部肌肉拉伤

解析关键

- 黑色字体为主要锻炼的肌肉
- 灰色字体为次要锻炼的肌肉

* 为深层肌肉

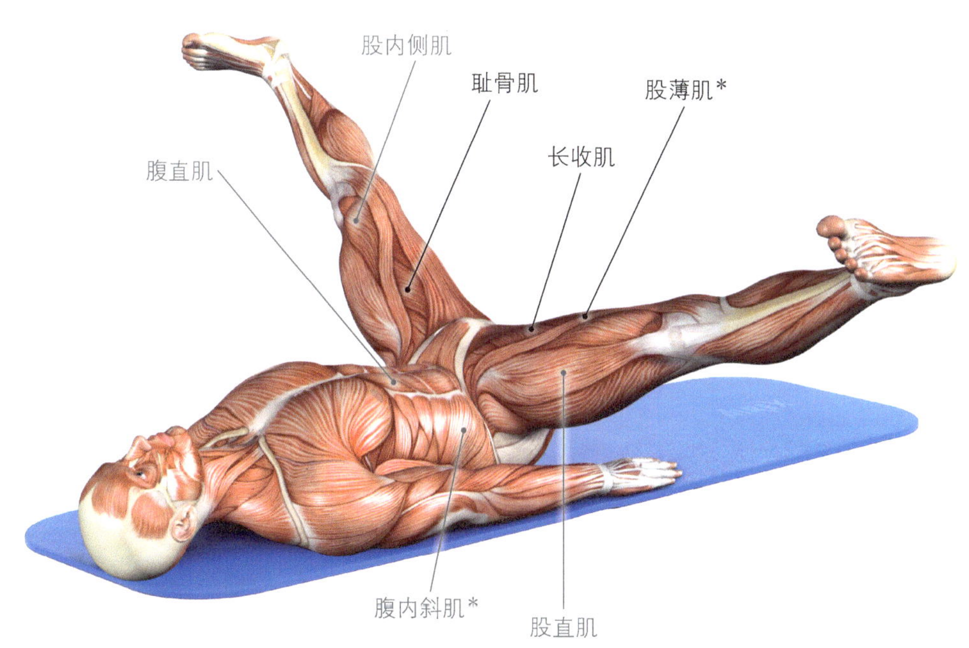

仰卧直腿触脚尖

仰卧直腿触脚尖主要锻炼腹部肌肉，提高核心稳定性，提高四肢协调性。

正确做法

- 全程保持核心收紧
- 膝关节尽量伸直

避免

- 双腿过度屈曲

1 平躺在垫上，双腿尽量伸直，并抬举起至与地面垂直。双手平放在垫子上。

教练提示

保持下巴和脖子的夹角不变，依靠腹部的力量抬起上半身。

2 膝关节尽量伸直，腹部发力，抬起上半身，并使双手伸向脚尖。

3 回到起始姿势。重复以上步骤至规定次数。

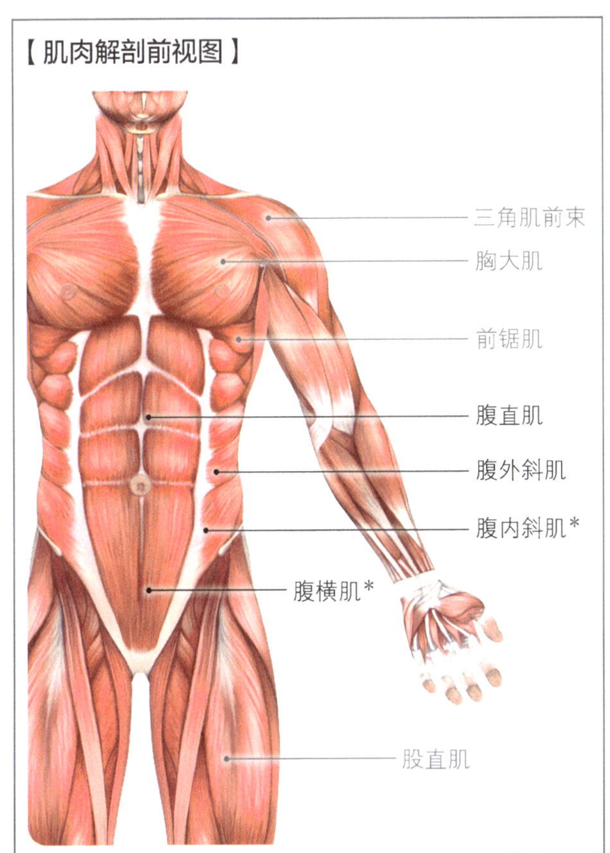

锻炼目标

- 核心

锻炼器械

- 无

级别

- 中级

呼吸提示

- 卷腹时呼气，还原时吸气

益处

- 提高核心稳定性
- 提高四肢协调性

注意

- 腰背部疼痛

解析关键

- 黑色字体为主要锻炼的肌肉
- 灰色字体为次要锻炼的肌肉

* 为深层肌肉

辅助引体向上

辅助引体向上练习器旨在帮助训练者自主地完成引体向上，重点放在掌握姿势和训练上。当力量提升后，逐步减少辅助训练的次数。

正确做法

- 背部保持挺直
- 双腿始终伸直
- 肩部保持放松

避免

- 身体过度后仰

1 站于辅助引体向上练习器上，调整到合适的负荷，双手正握上方横杆。

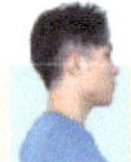

教练提示

此动作主要锻炼手臂、背部肌肉，运动过程中手臂发力，且与躯干在同一平面。

2 手臂发力，肘关节屈曲，肩关节内收，尽可能向上拉起身体。

3 上拉身体至下巴越过横杆，然后回到起始姿势。重复以上步骤至规定次数。

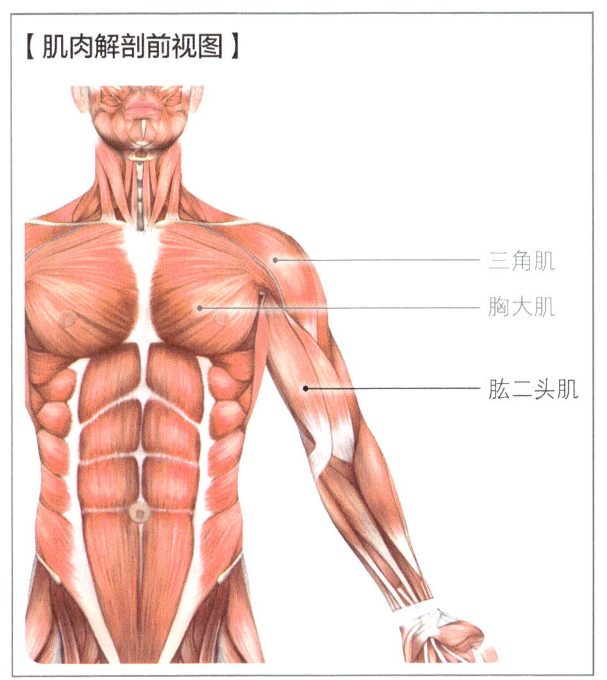

锻炼目标

- 手臂
- 背部

锻炼器械

- 辅助引体向上练习器

级别

- 初级

呼吸提示 

- 手臂拉起身体时呼气，还原时吸气

益处

- 增强手臂肌肉力量
- 提高背部肌肉力量

注意 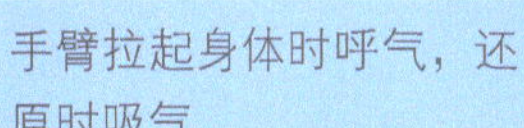

- 肩关节疼痛
- 肘关节疼痛

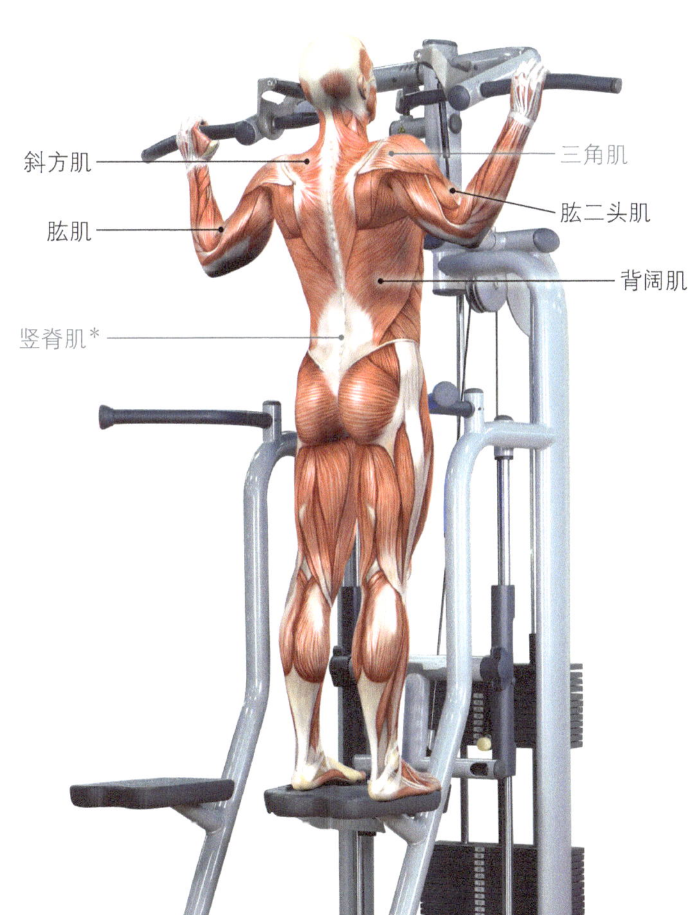

解析关键

- 黑色字体为主要锻炼的肌肉
- 灰色字体为次要锻炼的肌肉

* 为深层肌肉

引体向上

引体向上指依靠自身力量克服自身体重向上做功的垂吊训练，主要用于测试上肢肌肉及背部肌肉力量的发展水平。

正确做法

- 上半身保持挺直
- 核心收紧
- 双腿保持放松

避免

- 身体过度晃动

1 正握架子上的手柄，身体悬空。

教练提示

上拉时注意力集中在背阔肌上，把身体尽可能地拉高，不要让身体过度晃动。

2 手臂发力，肘关节屈曲，肩关节内收，将身体向上拉起至下巴越过手柄。

3 回到起始姿势。重复以上步骤至规定次数。

【肌肉解剖后视图】

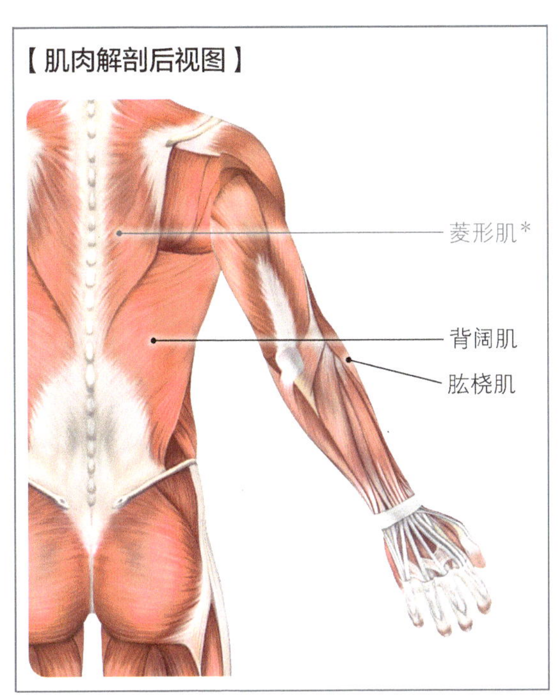

锻炼目标

- 手臂
- 背部

锻炼器械

- 多功能力量训练架

级别

- 中级

呼吸提示 

- 做引体向上时呼气，还原时吸气

益处

- 增强手臂肌肉力量
- 提高背部肌肉力量

注意 

- 肩关节疼痛
- 肘关节疼痛

解析关键

- 黑色字体为主要锻炼的肌肉
- 灰色字体为次要锻炼的肌肉

* 为深层肌肉

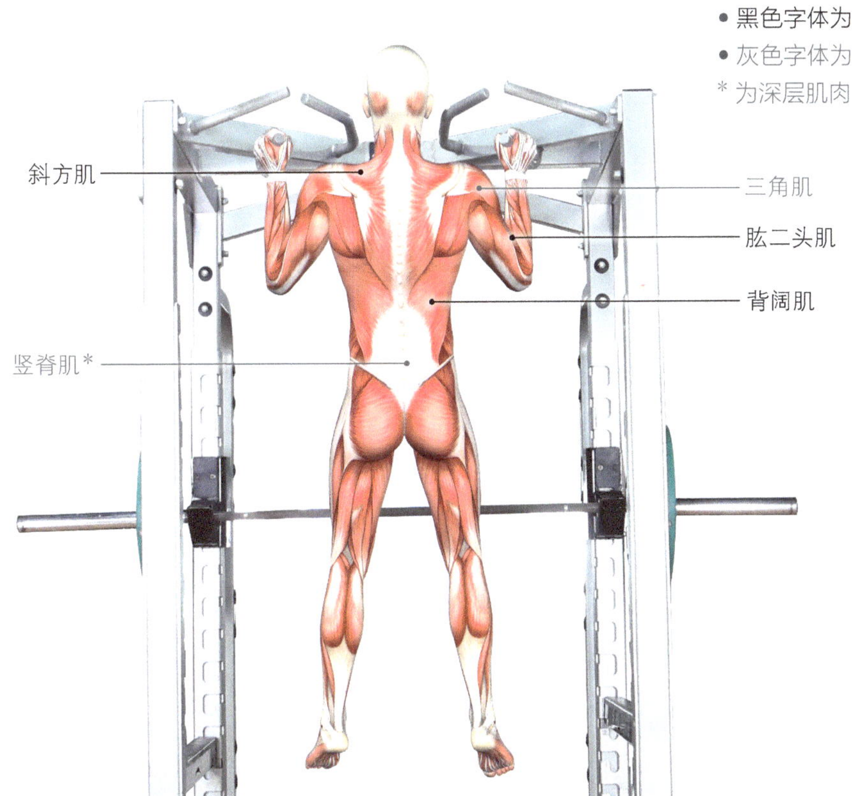

板凳臂屈伸

板凳臂屈伸是很常见的一个徒手锻炼动作，既可以在健身房进行负重训练，又可以在家进行简单训练。

正确做法

- 肩关节保持稳定
- 肘关节适当内收
- 合适的动作幅度

避免

- 动作幅度过小

1 肩关节向后伸展，肘关节屈曲90度，双手手背朝前，分开与肩同宽，按在训练椅上。双腿伸直，双脚并拢置于另一椅子上，屈髋90度，核心收紧。

教练提示

做此动作时主要由肱三头肌、肩前束和胸肌发力。注意手臂不要过于锁死，减少肘关节压力。

2 伸直双臂撑起身体，使两臂垂直于地面，并使双腿与地面平行。

3 回到起始姿势。重复以上步骤至规定次数。

【肌肉解剖后视图】

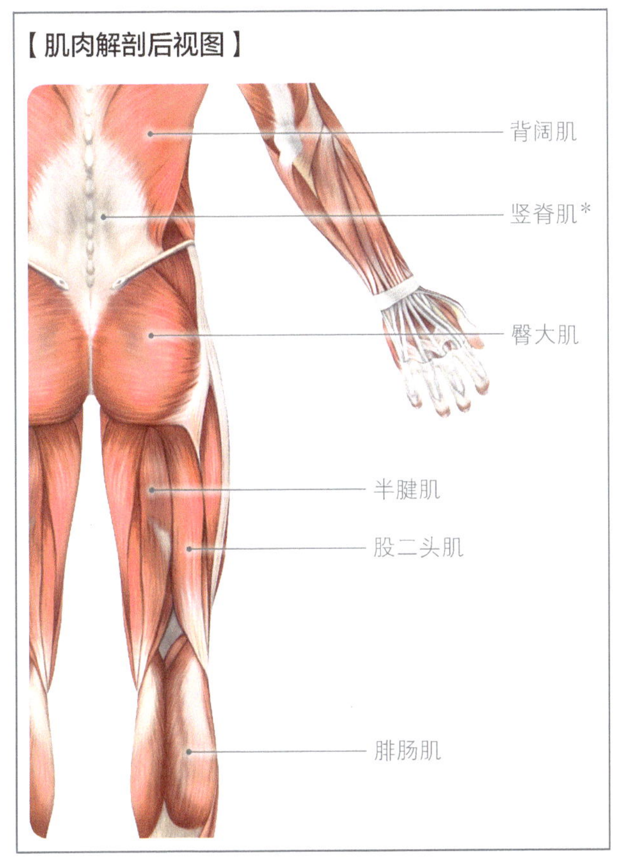

锻炼目标
- 手臂
- 胸部
- 肩部

锻炼器械
- 训练椅

级别
- 高级

呼吸提示 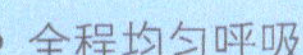
- 全程均匀呼吸

益处
- 增强手臂力量
- 提高身体稳定性

注意 
- 肘关节疼痛
- 肩关节疼痛

解析关键

- 黑色字体为主要锻炼的肌肉
- 灰色字体为次要锻炼的肌肉

* 为深层肌肉

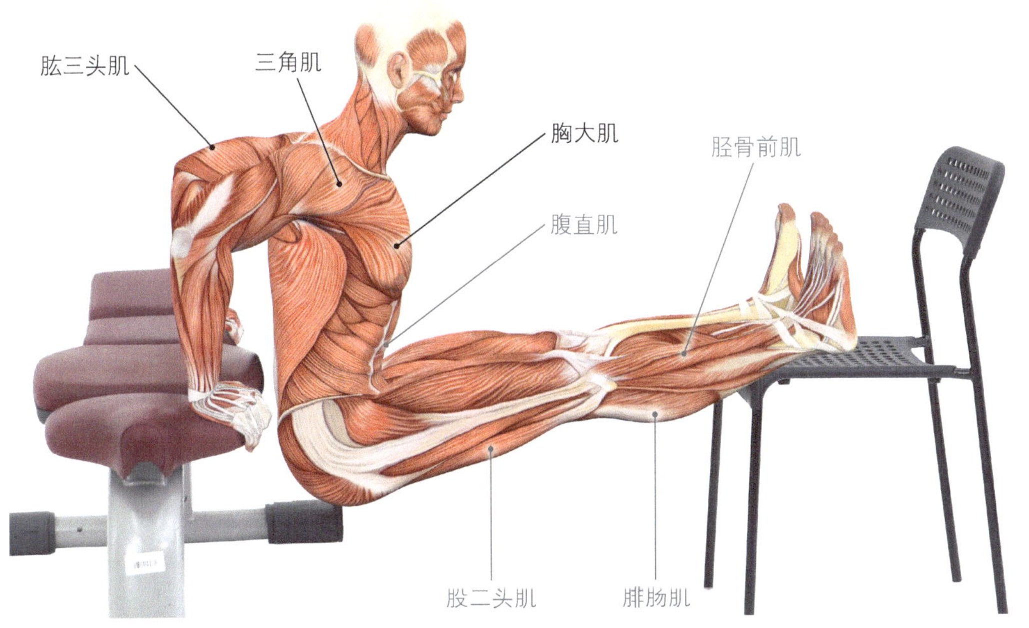

8拍健身者

8拍健身者是一项多功能训练，结合了俯卧撑和下蹲的训练动作，需要数着拍子完成8个动作。此训练为身体提供有氧和阻力训练，并有助于减肥、增强肌肉力量。

1 第1拍，身体呈俯撑姿势，双脚并拢，双臂伸直，双手和双脚脚尖撑于垫上。

2 第2拍，双腿向两侧打开。

3 第3拍，双腿收回并拢，恢复准备姿势。

4 第4拍，双腿屈曲，双腿屈膝向胸部位置跳跃，呈半蹲姿势。

5 第5拍，双手离开垫面向上伸展，同时用力向上跳起。

6 第6拍，落地后呈直立站姿。

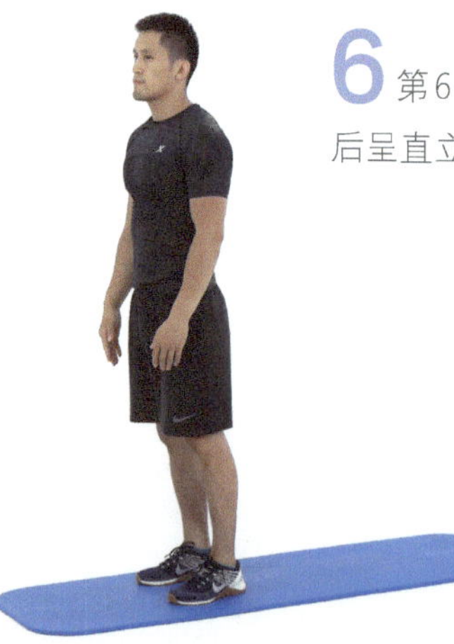

7 第7拍，双腿向两侧打开，双手于头部上方击掌。

8 第8拍，恢复直立站姿。重复以上步骤至规定次数。

锻炼目标
- 全身

锻炼器械
- 无

级别
- 高级

呼吸提示
- 全程保持均匀呼吸

益处
- 提高身体协调性
- 增强肌肉力量

注意
- 膝关节疼痛
- 肩关节疼痛

正确做法
- 保持动作的连贯性
- 躯干始终保持中立位

避免
- 运动速度过快

教练提示

核心收紧，开合跳时，身体呈一条直线。

【肌肉解剖后视图】

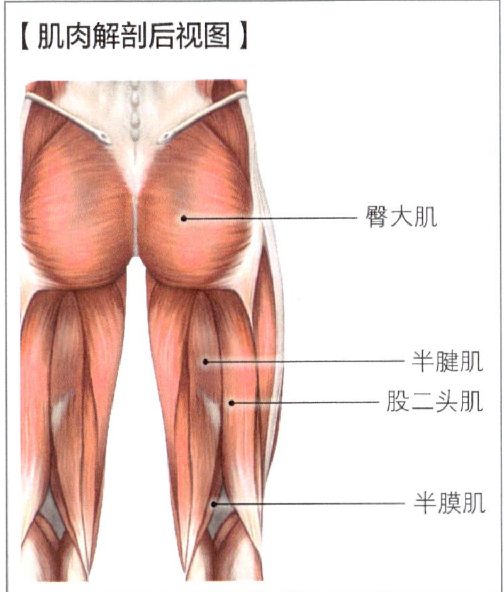

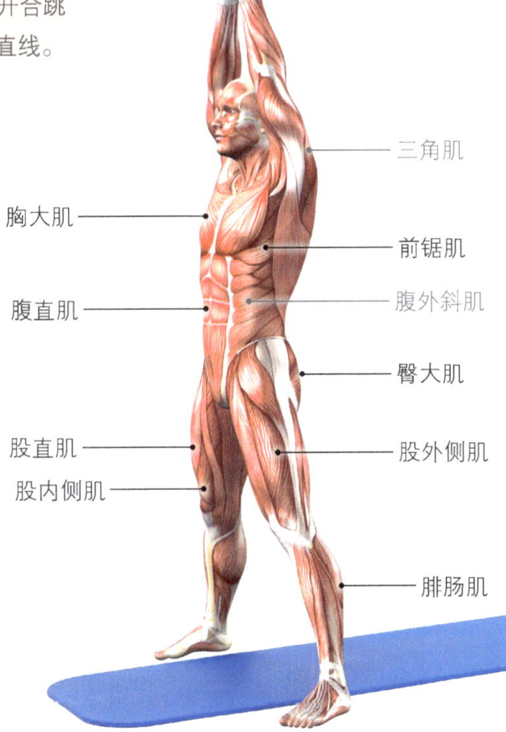

10拍健身者

10拍健身者在8拍健身者的基础上增加了哑铃的训练动作，进一步强化了肌肉力量。

1 第1拍，身体呈俯撑姿势，双脚并拢，双臂伸直，双手和双脚脚尖撑于垫上。

2 第2拍，双腿向两侧打开。

3 第3拍，双腿收回并拢，恢复准备姿势。

4 第4拍，双腿屈膝，向胸部位置跳跃，呈半蹲姿势。

5 第5拍， 双手离开垫面向上伸展，同时用力向上跳起。

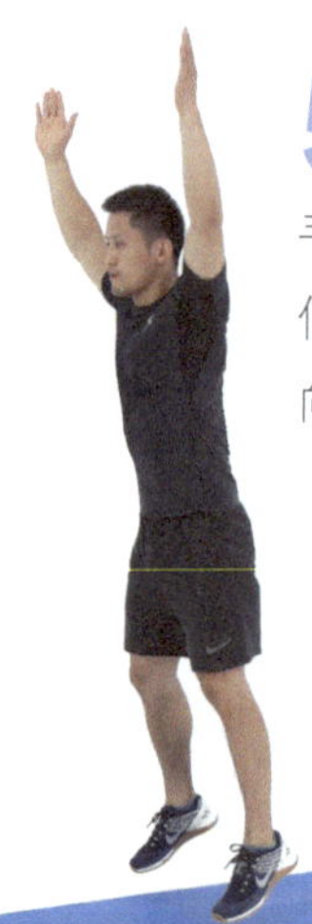

6 第6拍，落地后呈直立站姿。

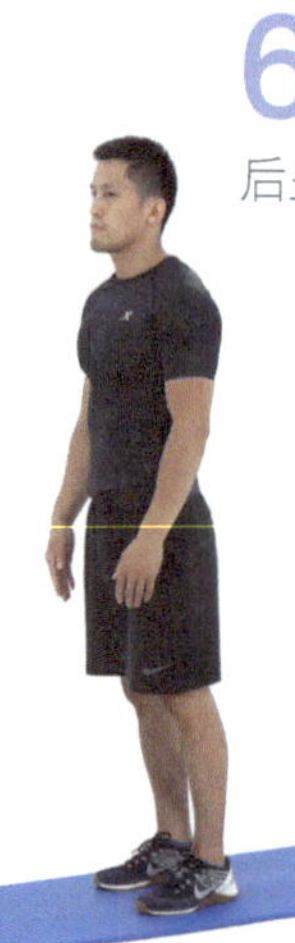

7 第7拍，双腿向两侧打开，双手于头部上方击掌。

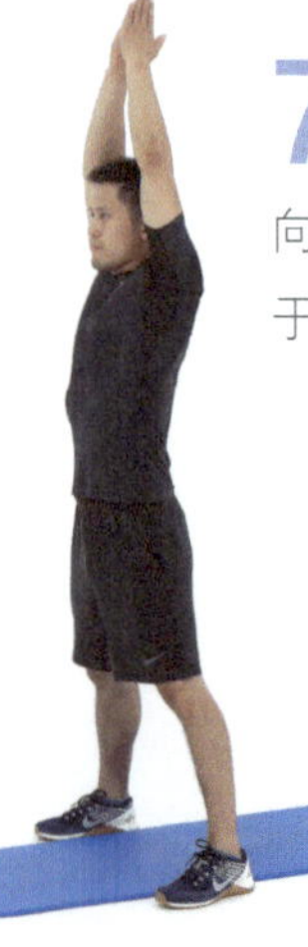

8 第8拍，恢复直立站姿。

教练提示

下蹲过程中保持膝关节与脚尖方向一致，膝关节不要内扣或者外扩。

9 第9拍，俯身下蹲，臀部向后，至大腿与地面大致平行，双臂伸直，双手各握一个哑铃自然垂于小腿前方，掌心向后。

10 第10拍，下肢肌肉发力，快速向上起身，双腿伸直，同时双臂上提哑铃至肩关节上方，此时肘关节屈曲，掌心朝前。

正确做法

- 核心收紧、背部挺直、肩部放松

避免

- 下蹲过程中膝关节超过脚尖

锻炼目标

- 全身

锻炼器械

- 哑铃

级别

- 高级

呼吸提示

- 起身时呼气

益处

- 增强手臂肌肉力量
- 提高身体协调性

注意

- 肘关节疼痛
- 膝关节疼痛

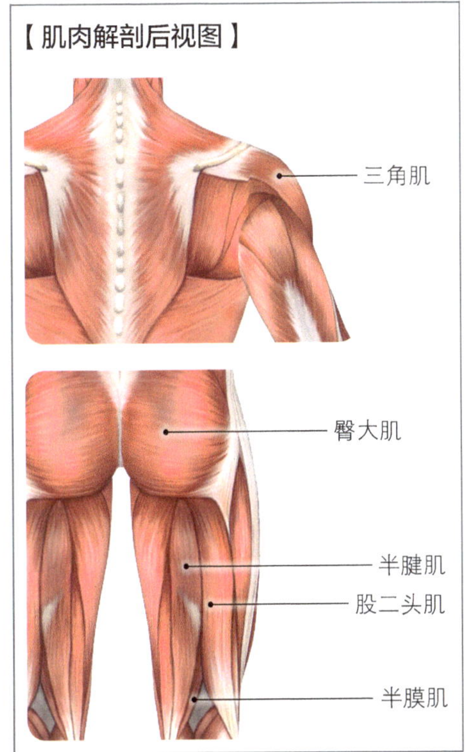

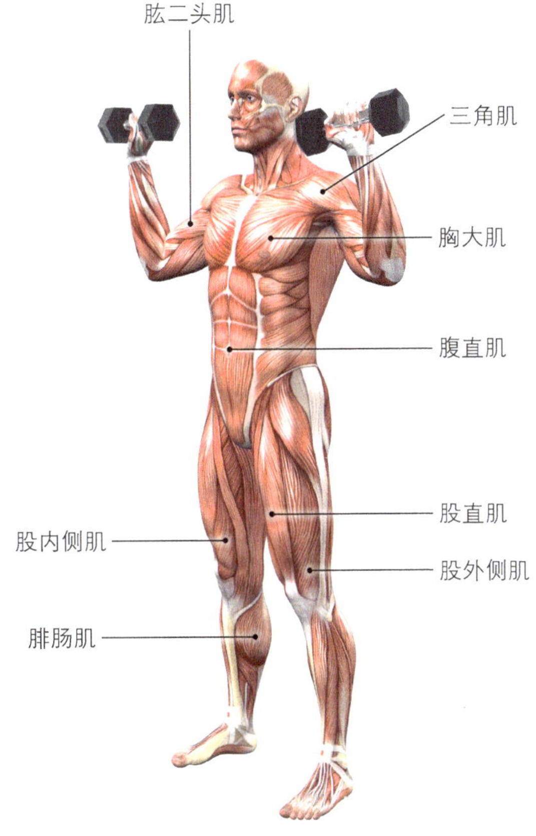

12拍健身者

12拍健身者在8拍健身者的基础上增加了肩上推举的训练动作，通过调动各个部位的肌肉组织，提高身体心血管功能。

1 第1拍，身体呈俯撑姿势，双脚并拢，双臂伸直，双手和双脚脚尖撑于垫上。

2 第2拍，双腿向两侧打开。

3 第3拍，双腿收回并拢，恢复准备姿势。

4 第4拍，双腿屈曲，膝关节向胸部位置跳起，呈半蹲姿势。

5 第5拍，双手离开垫面向上伸展，同时用力向上跳起。

6 第6拍，落地后呈直立站姿。

7 第7拍，双腿向两侧拢开，双手于头部上方击掌。

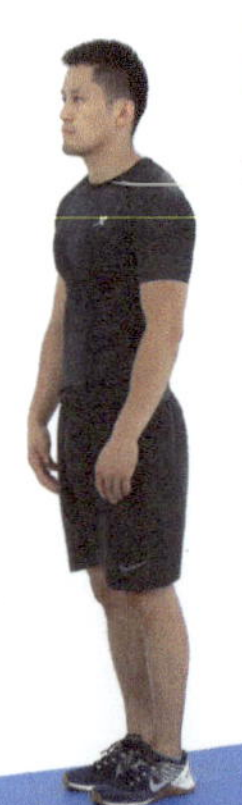

8 第8拍，恢复直立站姿。

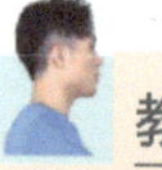

教练提示

在运动过程中保持核心收紧、背部挺直，不要塌腰。

9 第9拍，双臂伸直，双手握哑铃，掌心向上。

10 第10拍，双臂屈肘上举，前臂与地面垂直。

11 第11拍，双臂向上伸直至与地面垂直。

12 第12拍，双臂屈肘，将哑铃置于颈部后侧。

锻炼目标
- 全身

锻炼器械
- 哑铃

级别
- 高级

呼吸提示
- 双臂伸直时呼气

益处
- 重复锻炼肱三头肌
- 增强肌肉力量

注意
- 肘关节疼痛
- 肩关节疼痛

正确做法
- 核心收紧

避免
- 背部过度弯曲

【肌肉解剖后视图】

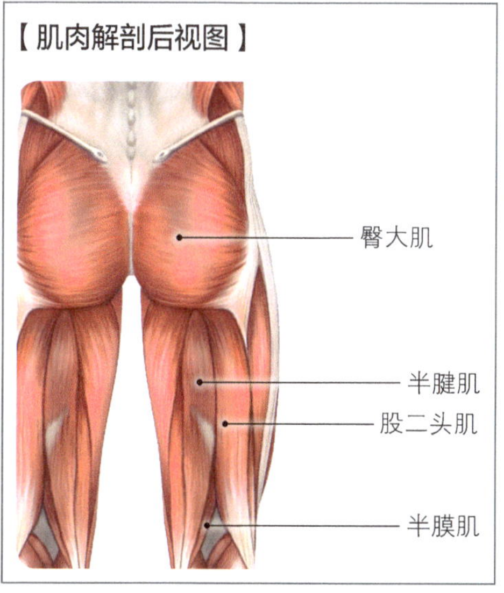

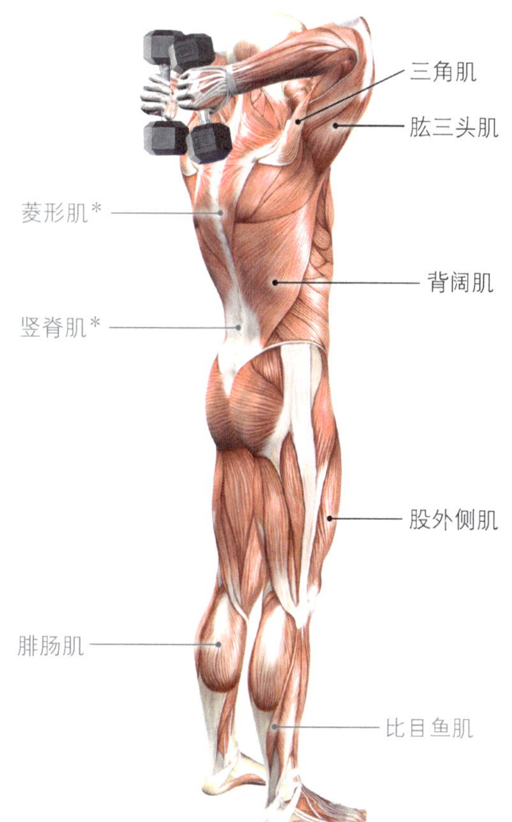

抱腿体前屈

抱腿体前屈是一项拉伸运动，能在一定程度上提高关节、肌肉、肌腱和韧带的伸展能力。

正确做法

- 双脚靠近，脚尖向上
- 双腿尽量伸直

避免

- 身体晃动
- 双腿过度屈曲

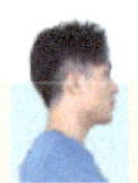

教练提示

运动过程中可以随着呼吸的节奏加大拉伸幅度。同时避免肌肉过度拉伸。

1 坐姿，躯干直立并垂直于地面，双手放于双膝上。双腿平行且尽量伸直，脚尖向上。

2 躯干前倾，胸部向大腿靠近，双手抱于膝后，直至大腿后侧与腰背部有拉伸感。

3 回到起始姿势。重复以上步骤至规定次数。

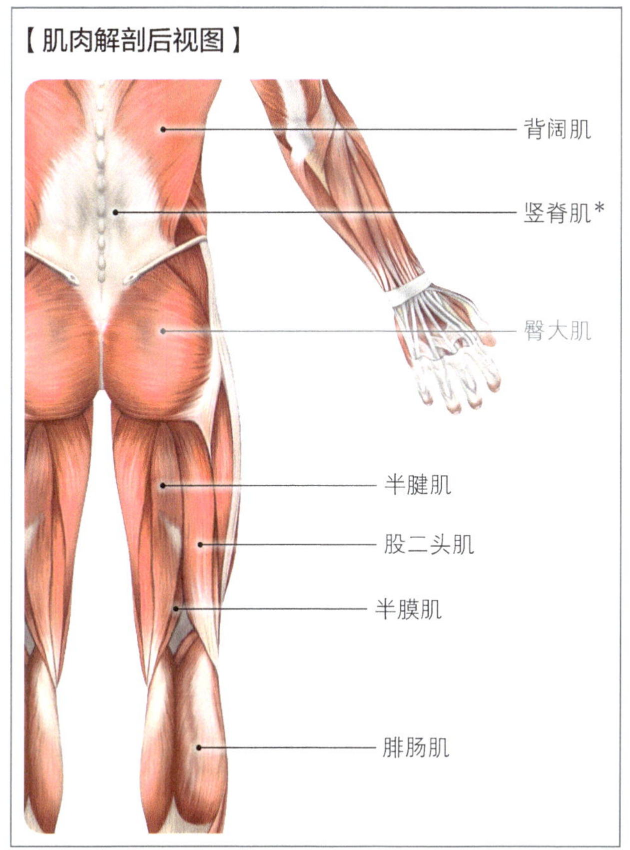

锻炼目标

- 腿部
- 背部

锻炼器械

- 无

级别

- 初级

呼吸提示

- 全程均匀呼吸

益处

- 提高身体后侧肌肉的柔韧性

注意

- 下背部疼痛

解析关键

- 黑色字体为主要锻炼的肌肉
- 灰色字体为次要锻炼的肌肉

* 为深层肌肉

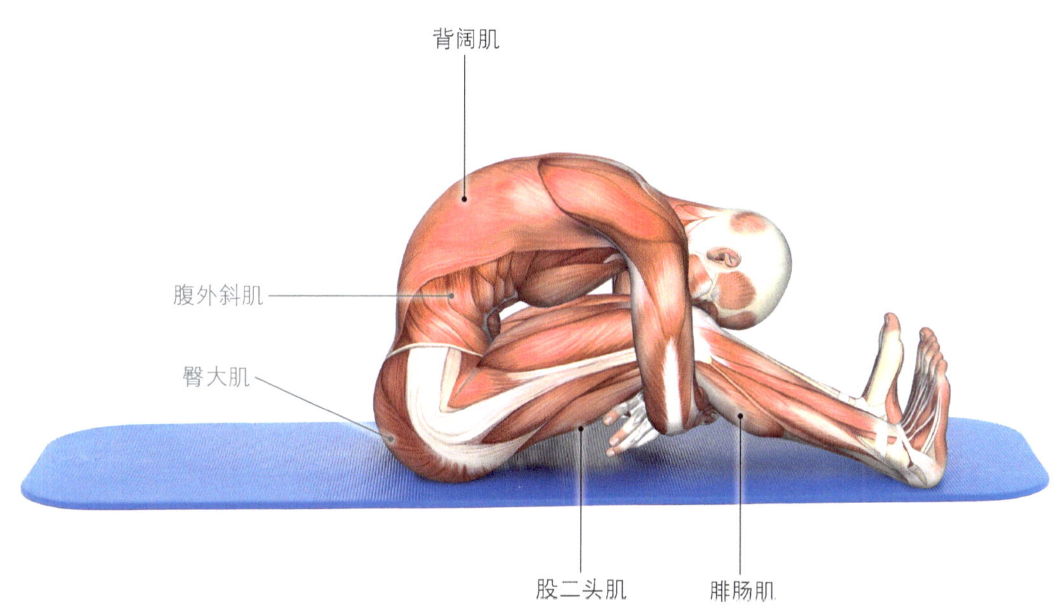

深蹲

深蹲是一个复合的、全身性的训练动作，它可以训练大腿和臀部肌群，同时可以增强骨骼、韧带和纵贯下半身的肌腱的力量。

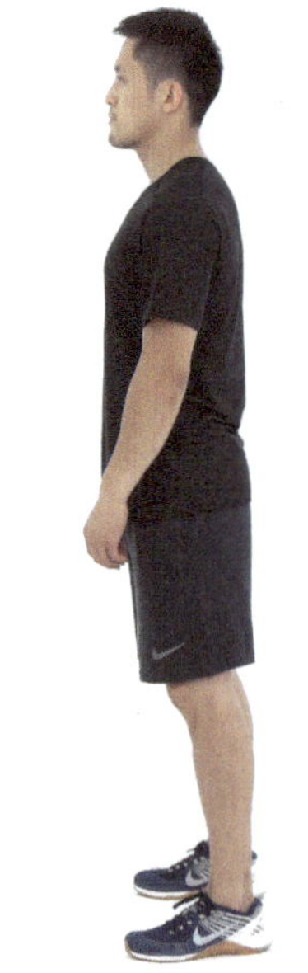

正确做法

- 尽量下蹲至大腿与地面平行
- 上半身保持挺直
- 头部始终上抬

避免

- 弯腰塌背

1 双脚平行站立，分开与肩同宽，脚尖朝前，双腿伸直，臀部收紧，挺胸抬头，目视前方，下颌收紧，双手自然下垂。

2 屈膝屈髋下蹲，尽量蹲至大腿与地面平行，双臂向前伸直，掌心相对，尽量平行于地面。

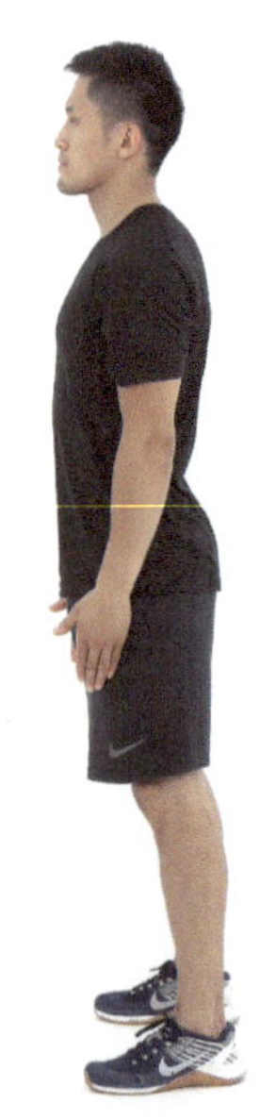

教练提示

在下蹲时，髋、膝、踝在一条直线上，脚跟不要离开地面。

3 快速站起，回到起始姿势。重复以上步骤至规定次数。

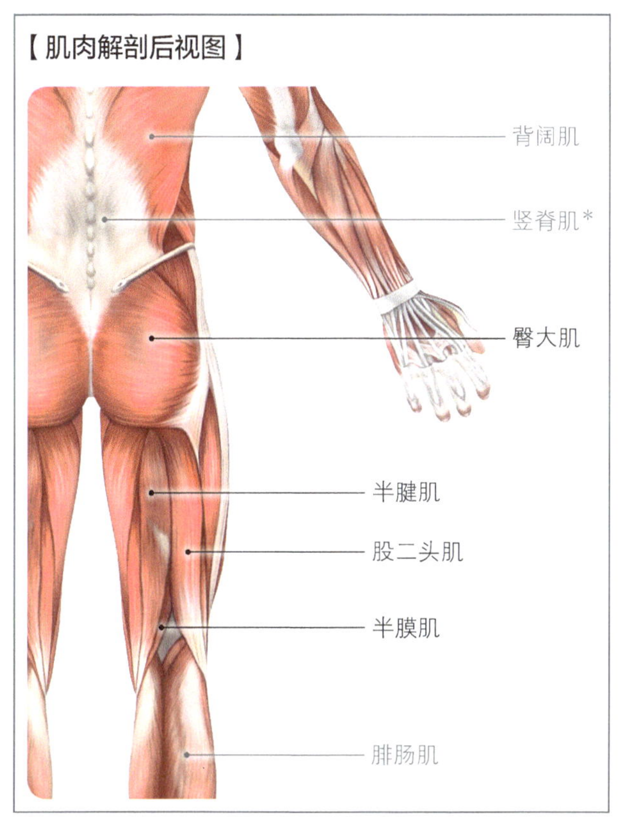

锻炼目标

- 腿部
- 臀部

锻炼器械

- 无

级别

- 初级

呼吸提示 

- 下蹲时吸气，站起时呼气

益处

- 拉伸身体肌肉
- 提高身体柔韧性

注意 

- 膝关节疼痛

解析关键

- 黑色字体为主要锻炼的肌肉
- 灰色字体为次要锻炼的肌肉

* 为深层肌肉

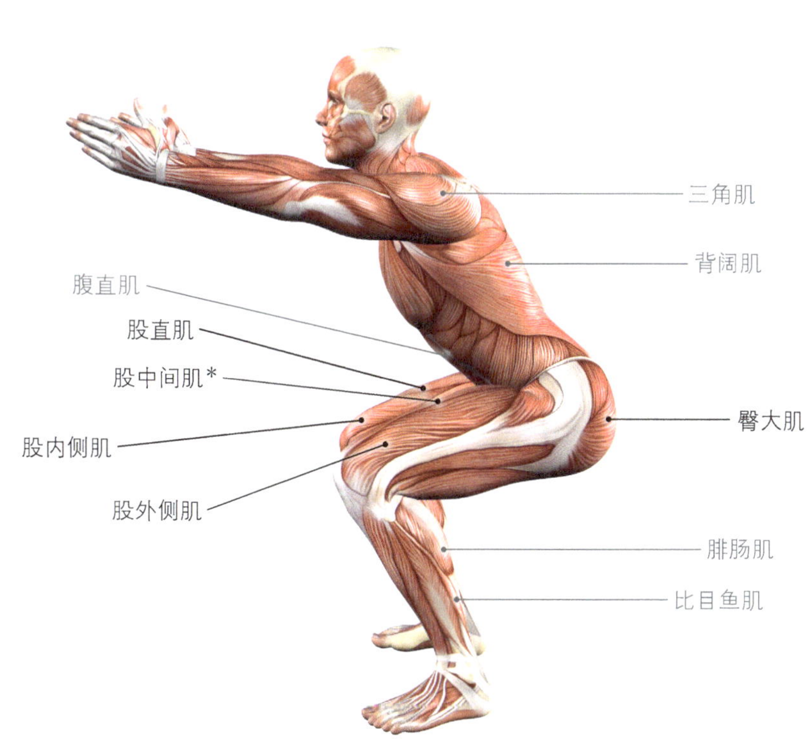

多方向弓箭步

多方向弓箭步作为一项功能性训练，主要锻炼臀部和腿部肌肉，提高腿部的稳定性。

教练提示

注意做弓箭步时前腿的髋、膝、踝要保持一条直线。

1 双脚分开平行站立，脚尖朝前，双腿伸直，臀部收紧，挺胸抬头，目视前方，下颌收紧，双臂自然下垂。

2 双手叉腰，同时一侧腿向正前方跨出一大步，呈弓箭步姿势。该侧膝关节和脚尖方向一致，小腿垂直于地面，大小腿之间的角度约为90度，身体重心在两腿之间。

3 前腿蹬地发力，回到站立姿势。

4 一侧腿向同侧前45度方向做出同样的弓箭步动作，身体与膝关节的方向一致。前腿蹬地，回到站立姿势。

5 一侧腿向同侧做出侧向弓箭步动作，然后跨出的腿发力蹬地，回到站立姿势。

6 一侧腿向同侧后45度做同样的弓箭步动作，前腿发力，后腿收回，回到站立姿势。

7 一侧腿向后侧迈出，做弓箭步动作，前腿发力，后腿收回，回到站立姿势。重复以上步骤至规定的次数，对侧亦然。

【肌肉解剖后视图】

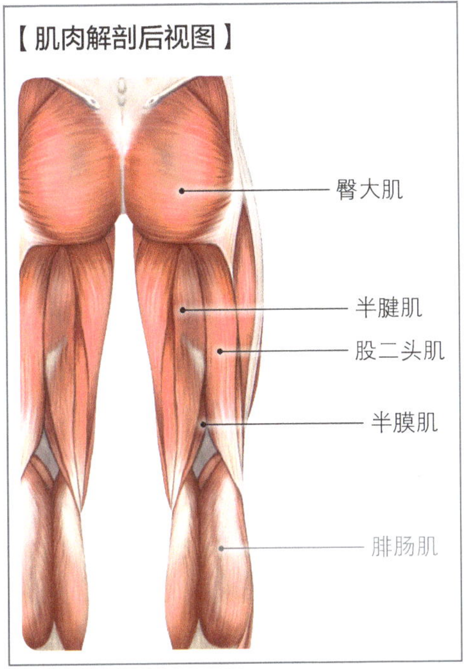

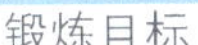

锻炼目标

- 腿部
- 臀部

锻炼器械

- 无

级别

- 高级

呼吸提示 

- 全程均匀呼吸

益处

- 提高腿部稳定性
- 增强腿部和臀部力量

注意 

- 髋关节疼痛
- 膝关节疼痛

正确做法

- 身体重心一直保持在两腿之间
- 核心收紧，躯干挺直

避免

- 弯腰塌背

解析关键

- 黑色字体为主要锻炼的肌肉
- 灰色字体为次要锻炼的肌肉

* 为深层肌肉

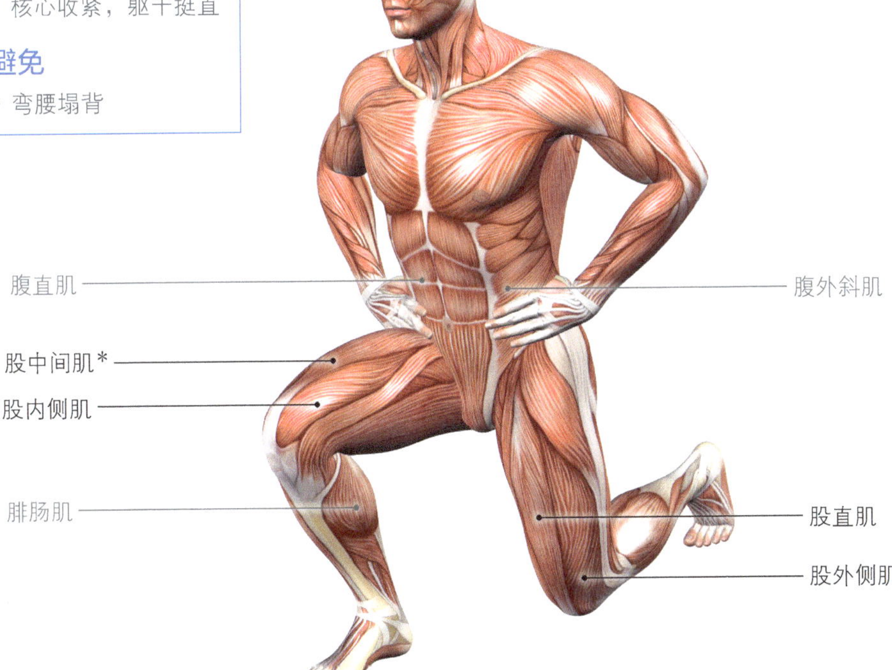

弓步蹲跳

弓步蹲跳可以增强腿部肌肉的力量和爆发力，并且提高身体的稳定性。

1 双脚开立，呈站姿，脚尖朝前，臀部收紧，挺胸抬头，目视前方，下颌收紧双手叉腰。

2 一侧腿向后迈出，缓慢屈髋屈膝下蹲，呈弓箭步，保持重心在两腿之间。

正确做法

- 上半身挺直
- 核心保持稳定

避免

- 背部弯曲

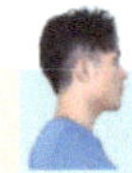

教练提示

起跳时下肢充分发力蹬地，腾空时身体保持稳定。双脚落地时，注意缓冲动作。

3 下蹲至后腿小腿接近地面时，瞬间发力蹬地，快速跳起。

4 腾空后，在空中交换前后腿。落地缓冲，顺势向下蹲。

5 回到起始姿势，两侧交替进行，完成规定的次数。

【肌肉解剖后视图】

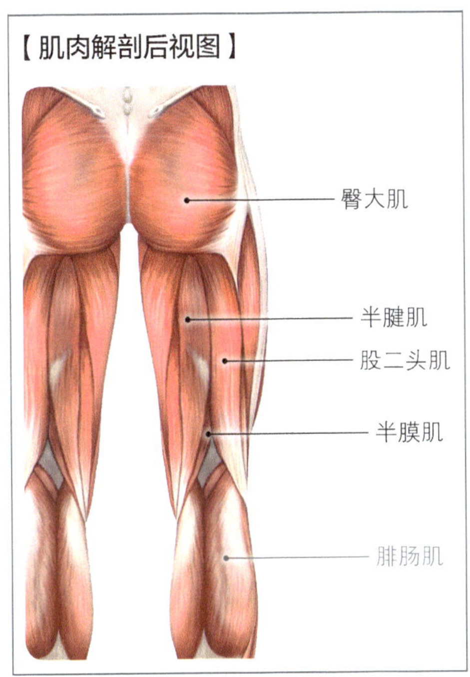

锻炼目标
- 腿部
- 臀部

锻炼器械
- 无

级别
- 高级

呼吸提示 
- 起跳时呼气，身体下落时吸气

益处
- 增强腿部力量
- 提高身体的稳定性

注意 
- 膝关节疼痛

解析关键

- 黑色字体为主要锻炼的肌肉
- 灰色字体为次要锻炼的肌肉

* 为深层肌肉

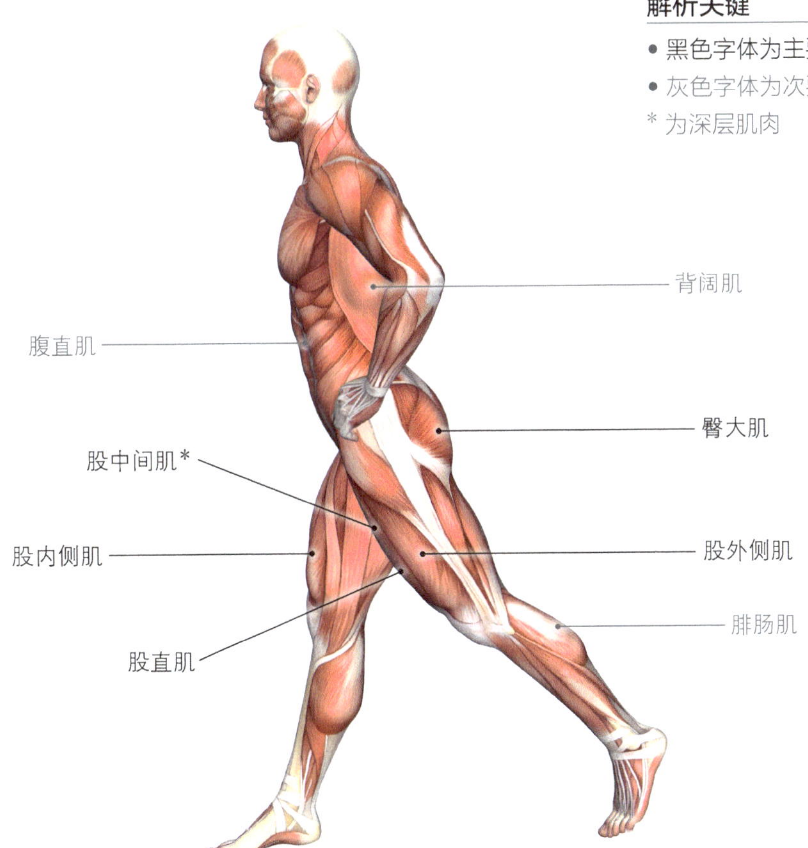

交替前弓步

交替前弓步可以增强腿部和臀部肌肉力量，提高身体的稳定性，同时提高身体整体协调性。

1 站姿，双脚开立，背部挺直，核心收紧，双臂自然下垂。

2 双手叉腰，同时左腿向前方跨出，右脚脚跟提起。

3 双腿屈曲，身体下降至前腿大腿与地面平行，后腿膝关节接近地面。

正确做法

- 前跨步时步幅要足够大
- 背部挺直
- 核心收紧

避免

- 背部弯曲

教练提示

全程保持背部挺直，背部弯曲容易导致身体不稳。

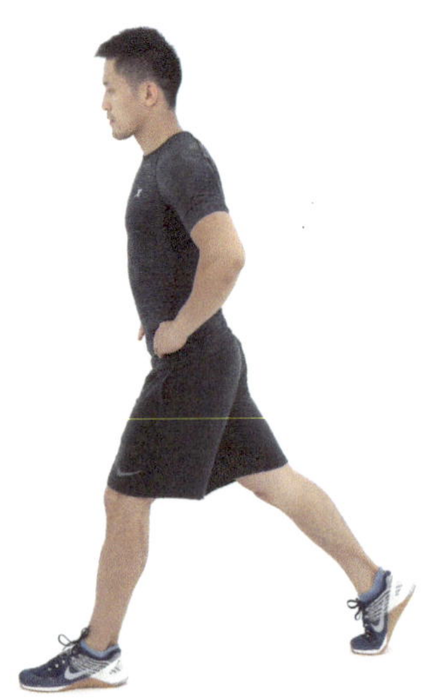

4 前腿发力蹬地，带动身体上升。

5 回到起始姿势，换至对侧。重复以上步骤至规定次数。

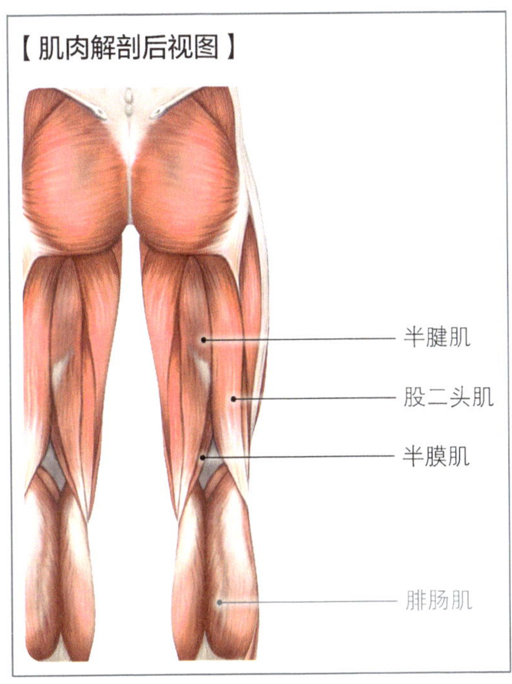

锻炼目标

- 腿部
- 臀部

锻炼器械

- 无

级别

- 初级

呼吸提示

- 下蹲时吸气，站起时呼气

益处

- 提高身体协调性
- 增强腿部和臀部力量

注意

- 膝关节疼痛

解析关键

- 黑色字体为主要锻炼的肌肉
- 灰色字体为次要锻炼的肌肉

* 为深层肌肉

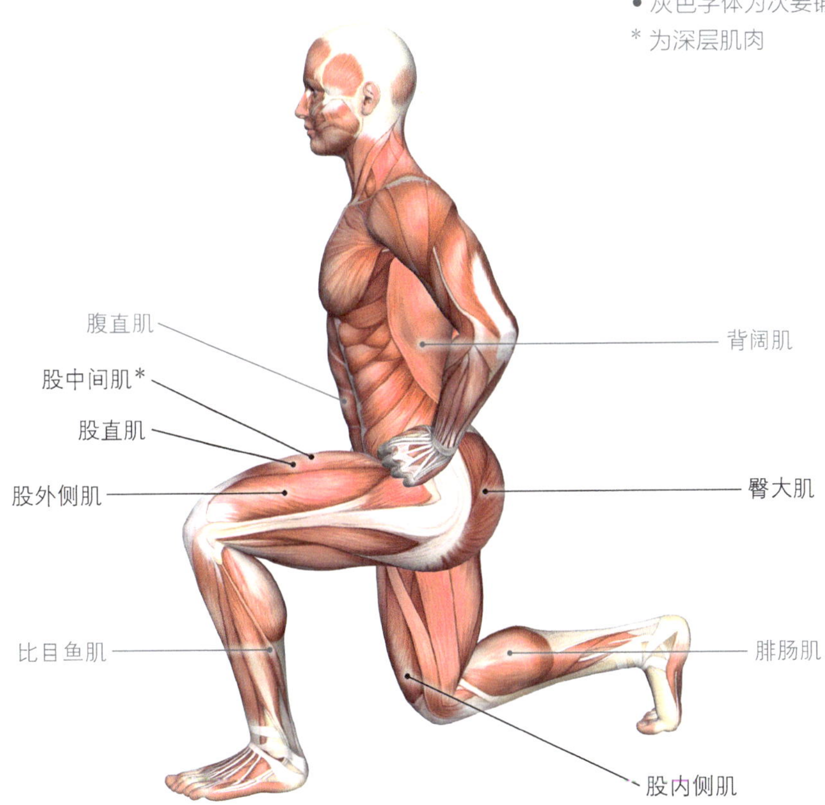

侧弓步

侧弓步既是拉伸动作，又能用于锻炼腿部和臀部的肌肉。

1 站立位，双脚并拢，躯干挺直，双臂自然下垂。

正确做法

- 全程保持核心收紧
- 躯干保持挺直
- 膝关节与脚尖方向一致

避免

- 重心不稳，身体晃动

2 躯干挺直，双手叉腰，一侧腿侧向迈开约1.5倍肩宽的距离，接着该侧腿屈膝屈髋至大腿上沿与地面平行，另一侧腿保持伸直。

教练提示

迈步时注意膝关节不要超过脚尖。

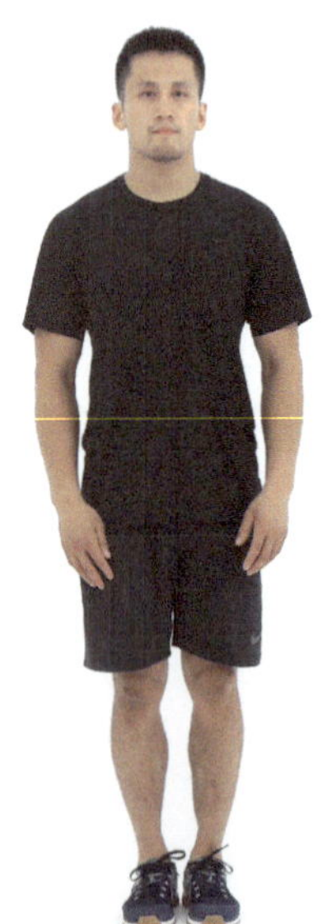

3 弯曲腿发力，伸膝伸髋，回到起始姿势。

4 换另一侧腿重复动作，双腿交替运动。重复以上步骤至规定次数。

【肌肉解剖后视图】

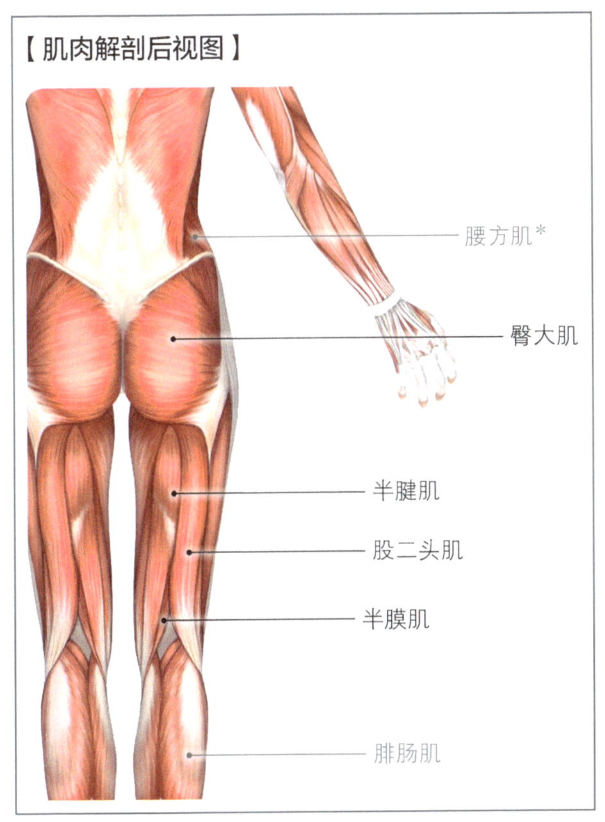

锻炼目标

- 腿部
- 臀部

锻炼器械

- 无

级别

- 初级

呼吸提示 

- 弓步时呼气，还原时吸气

益处

- 增强身体稳定性
- 充分拉伸身体肌肉

注意

- 膝关节疼痛

解析关键

- 黑色字体为主要锻炼的肌肉
- 灰色字体为次要锻炼的肌肉

* 为深层肌肉

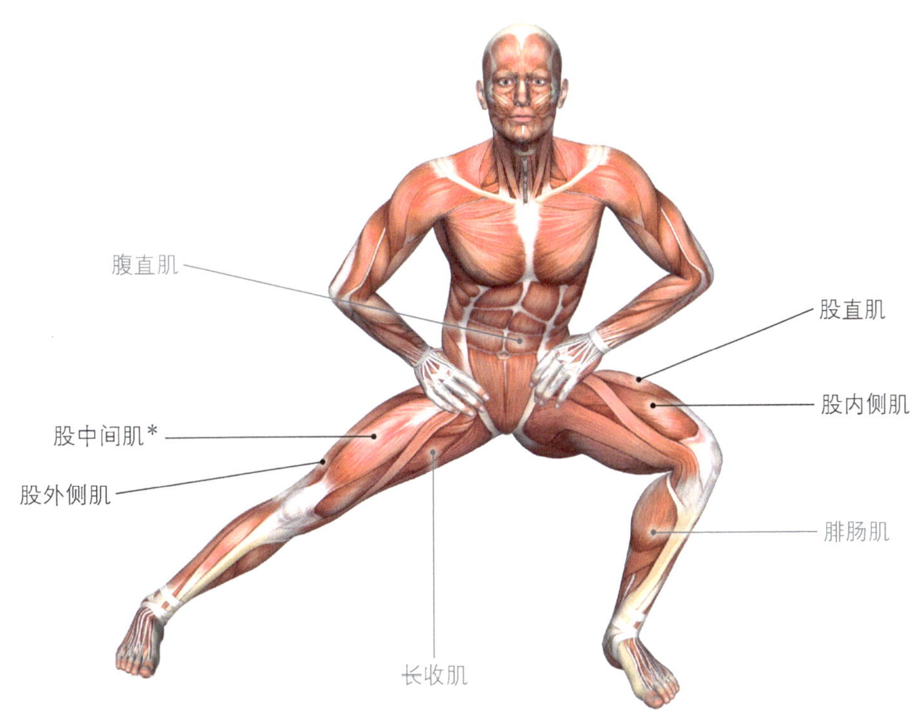

肩关节外旋

肩关节外旋是针对肩关节周围肌群进行锻炼的动作，在提升肩关节灵活性的同时还能增强肩部力量。

1 站姿，双臂外展并屈肘90度，前臂自然下垂，双手各握一个哑铃，掌心向后。

正确做法

- 上臂保持不动
- 躯干保持挺直
- 核心始终收紧

避免

- 肩关节压力过大

教练提示

此动作通过肩关节外展、旋转锻炼肩关节周围肌群，有助于提高肩关节稳定性。

2 三角肌发力使双臂向上旋转至前臂与地面垂直，掌心向前。

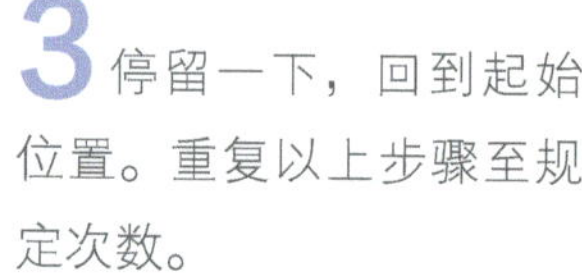

3 停留一下，回到起始位置。重复以上步骤至规定次数。

【肌肉解剖后视图】

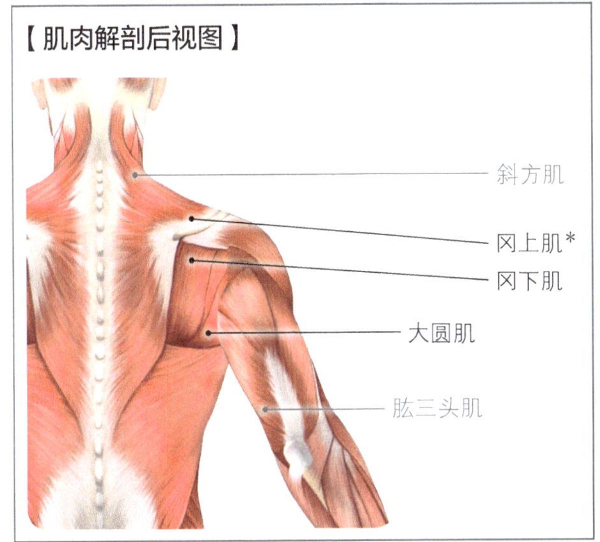

锻炼目标
- 肩部
- 手臂

锻炼器械
- 哑铃

级别
- 初级

呼吸提示
- 抬臂时呼气

益处
- 增强肩部力量和稳定性
- 提高肩关节灵活性

注意
- 肩关节疼痛

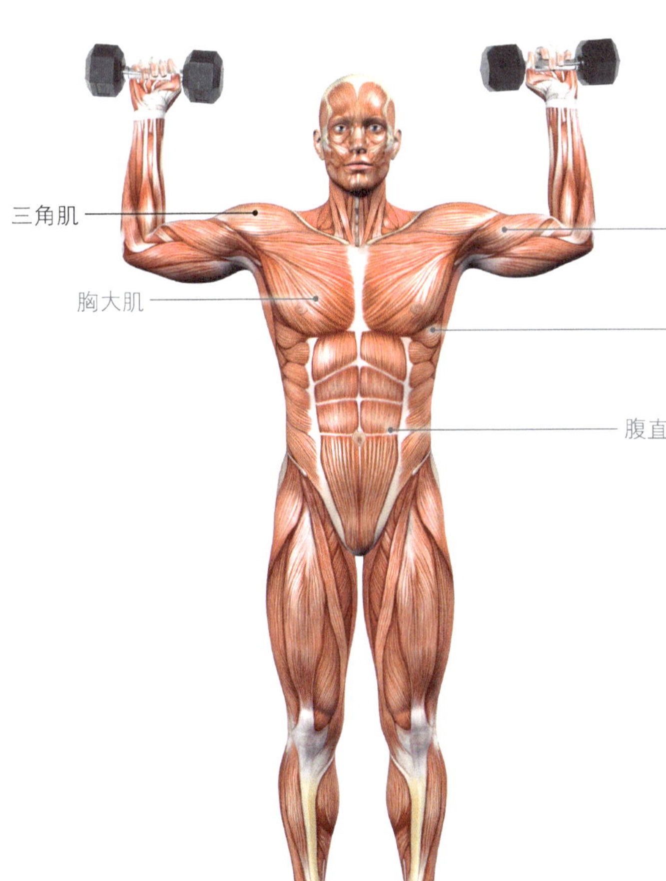

解析关键

- 黑色字体为主要锻炼的肌肉
- 灰色字体为次要锻炼的肌肉

* 为深层肌肉

波比跳

波比跳是结合伏地挺身、深蹲与垂直跳跃的动作。它通过重组基本姿势，不断强化相同的动作形式。

正确做法

- 核心始终收紧
- 动作连贯、迅速

避免

- 落地时膝关节压力过大

1 双脚平行站立，双脚分开，略宽于肩，脚尖朝前，双腿伸直，臀部收紧，挺胸抬头，目视前方，下颌收紧，双臂自然下垂。

2 俯身、半蹲，双手撑于垫上，双臂屈肘，双腿同时向后伸直至最远端，脚尖撑于垫上，呈俯卧撑姿势。

3 双手用力将身体撑起，随后双腿蹬地，双脚跳至双手后方呈半蹲姿势。

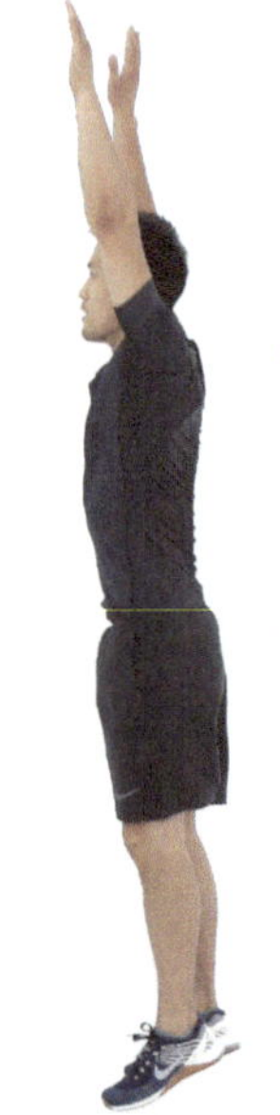

4 双手离开垫面，用力向上跳起。回到起始姿势。重复以上步骤至规定次数。

【肌肉解剖后视图】

臀大肌
半腱肌
股二头肌
半膜肌

锻炼目标

- 全身

锻炼器械

- 无

级别

- 高级

呼吸提示

- 全程保持均匀呼吸

益处

- 提高身体协调性
- 增强核心稳定性

注意

- 膝关节疼痛
- 肩关节疼痛

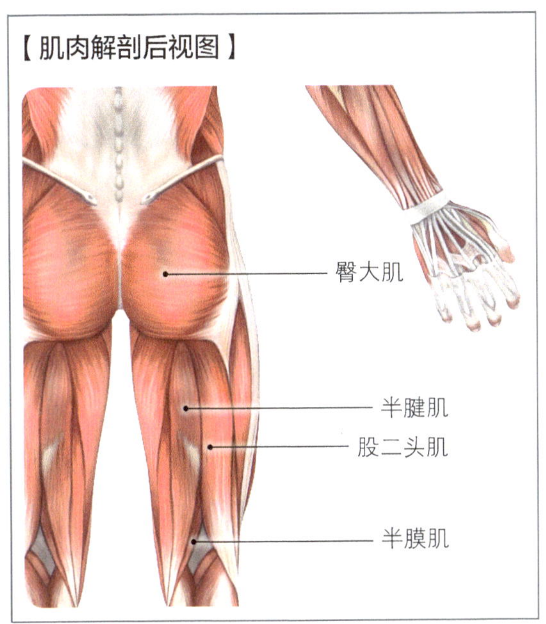

教练提示

应轻盈落地，落地时充分屈髋屈膝缓冲。

解析关键

- 黑色字体为主要锻炼的肌肉
- 灰色字体为次要锻炼的肌肉

* 为深层肌肉

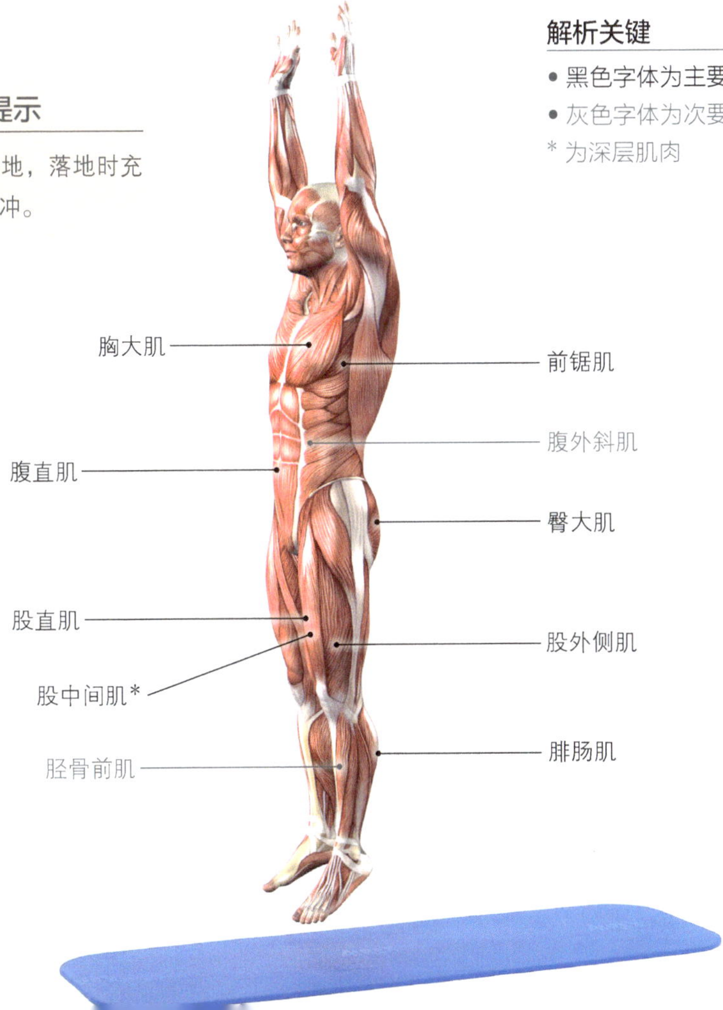

胸大肌
前锯肌
腹外斜肌
腹直肌
臀大肌
股直肌
股外侧肌
股中间肌*
胫骨前肌
腓肠肌

波比跳+引体向上

通过波比跳与引体向上的组合，提高训练难度，进一步提升手臂及背部的力量。

1 俯身，双手撑于垫上，双腿同时向后伸直至最远端，脚尖撑于垫上，呈平板支撑姿势。

2 双腿同时跳至双手后方，呈半蹲姿势。

正确做法

- 核心始终收紧
- 全程动作连贯
- 躯干保持挺直

避免

- 做引体向上时身体晃动

3 双手离开垫面，用力向上跳起。

4 落地后呈直立站姿。

教练提示

运动速度不宜过快，应保持在自身承受范围内。

5 正握架子上的手柄，身体悬空。

6 手臂发力，肘关节屈曲，肩关节内收，将身体向上拉起至下巴越过手柄。

7 恢复准备姿势。重复以上步骤至规定次数。

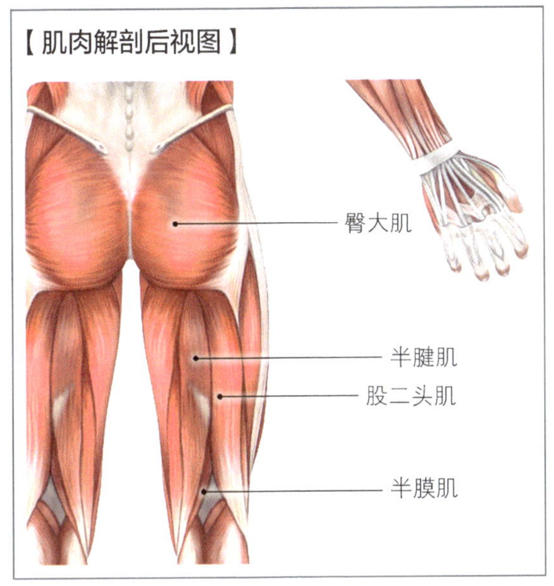

锻炼目标

- 全身

锻炼器械

- 多功能力量训练架

级别

- 高级

呼吸提示 

- 做引体向上时呼气，还原时吸气

益处

- 增强手臂力量
- 提高身体协调性

注意 

- 肩关节疼痛
- 肘关节疼痛

解析关键

- 黑色字体为主要锻炼的肌肉
- 灰色字体为次要锻炼的肌肉

* 为深层肌肉

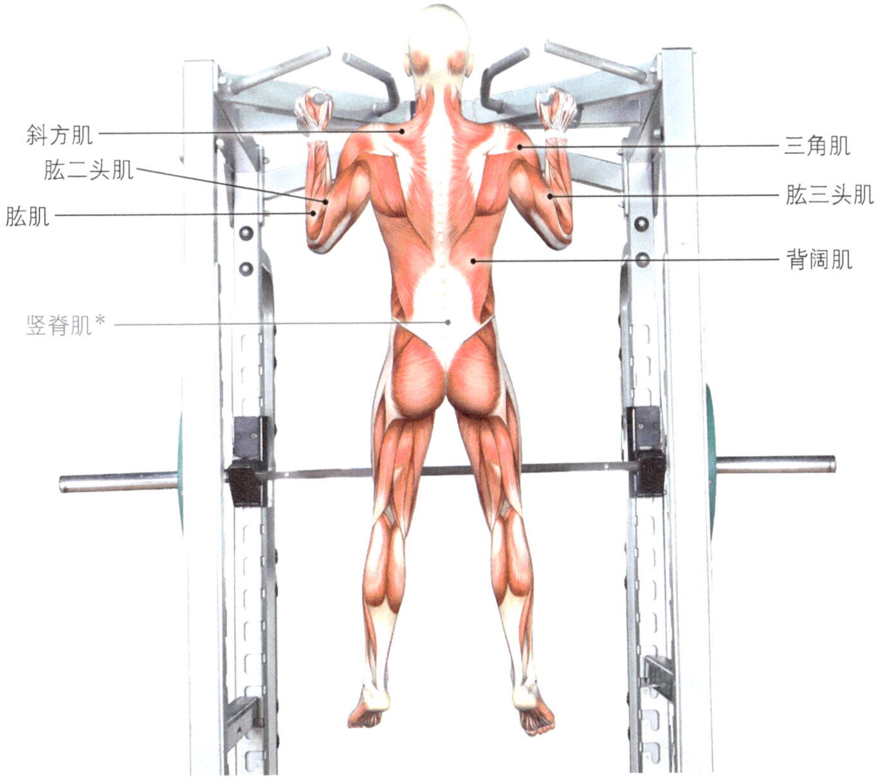

斜方肌
肱二头肌
肱肌
竖脊肌*
三角肌
肱三头肌
背阔肌

前后滑步

前后滑步能在一定程度上提高身体的协调性，同时增强腿部肌肉力量。

1 双脚分开，平行站立，脚尖朝前，双腿伸直，臀部收紧，挺胸抬头，目视前方，双臂自然下垂。

正确做法

- 挺胸收腹，腰背挺直
- 身体有短暂腾空
- 脚尖着地，交替运动

避免

- 运动速度过快

教练提示

双腿交替运动时双臂应有力地摆动。

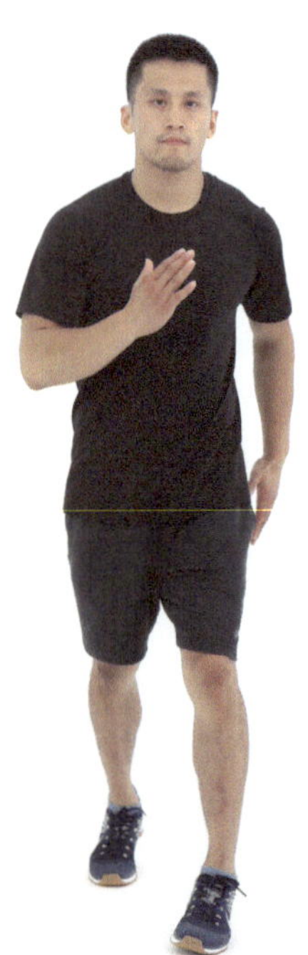

2 核心收紧，臀部收紧，髋关节屈曲，一侧手臂和另一侧腿迅速同步向前摆，另一侧手臂和一侧腿迅速同步向后摆，脚尖点地，躯干保持稳定。

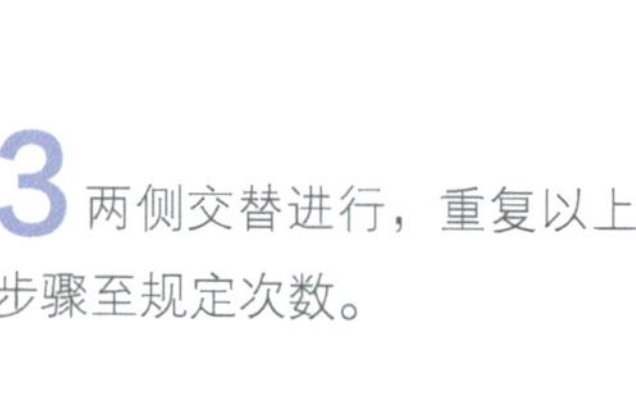

3 两侧交替进行，重复以上步骤至规定次数。

【肌肉解剖后视图】

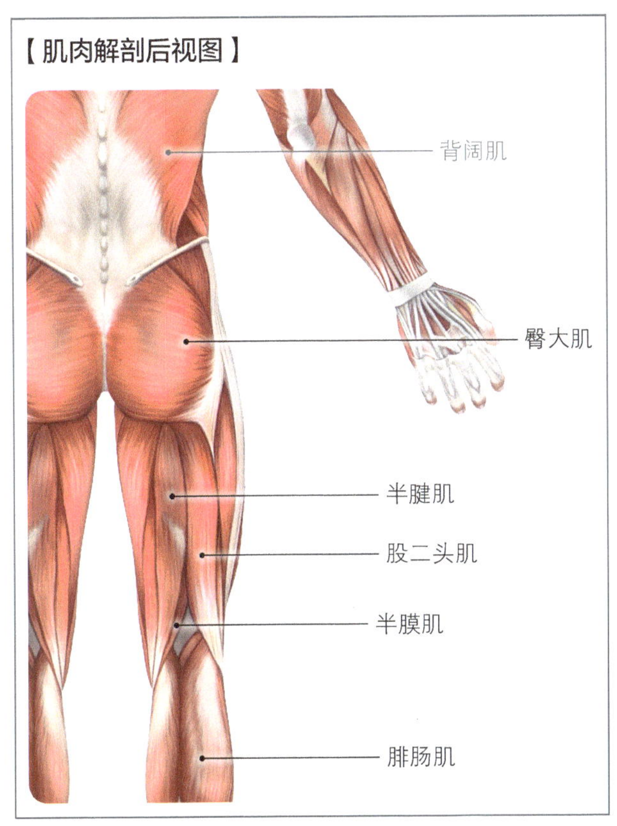

锻炼目标

- 腿部
- 臀部

锻炼器械

- 无

级别

- 中级

呼吸提示 

- 全程保持均匀呼吸

益处

- 提高腿部的灵敏性
- 提高身体协调性

注意 

- 膝关节疼痛
- 踝关节疼痛

解析关键

- 黑色字体为主要锻炼的肌肉
- 灰色字体为次要锻炼的肌肉

* 为深层肌肉

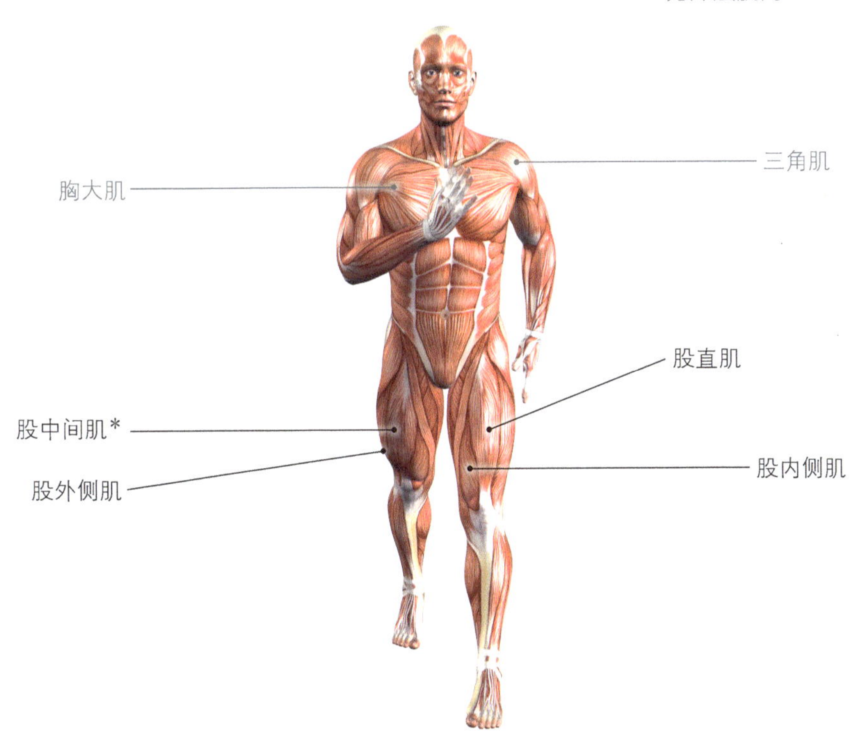

防守侧滑步

防守侧滑步的训练过程中要始终保持躯干挺直且稳定，避免身体重心不稳使身体晃动导致训练效果不佳。

1 双脚开立，与肩同宽或略宽于肩。屈膝屈髋，俯身至躯干与地面之间的角度约为45度。上臂置于身体两侧并紧贴身体，前臂置于胸前，双手握拳且掌心相对。

正确做法

- 挺胸收腹，腰背挺直
- 保持核心收紧
- 保持动作连贯

避免

- 背部弯曲

教练提示

此动作通过髋关节外展与内收锻炼目标肌肉。运动过程中，保证动作的连贯性。

2 躯干挺直，肩胛骨收紧，手臂保持不动。一侧腿发力向同侧迈步，另一侧腿向后蹬地跳起。

3 迈步腿紧接着再次移动，依次向一侧移动。然后换方向，向另外一侧移动，完成一套完整动作。重复以上步骤至规定次数。

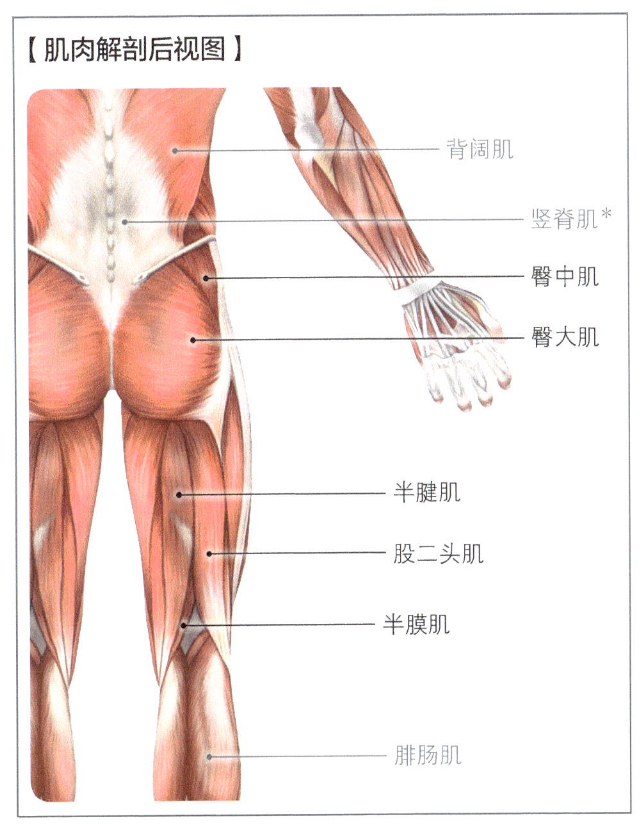

锻炼目标

- 腿部
- 臀部

锻炼器械

- 无

级别

- 初级

呼吸提示 

- 发力时呼气，还原时吸气

益处

- 提高腿部的灵敏性
- 提高身体协调性

注意 

- 膝关节疼痛
- 髋部疼痛

解析关键

- 黑色字体为主要锻炼的肌肉
- 灰色字体为次要锻炼的肌肉

* 为深层肌肉

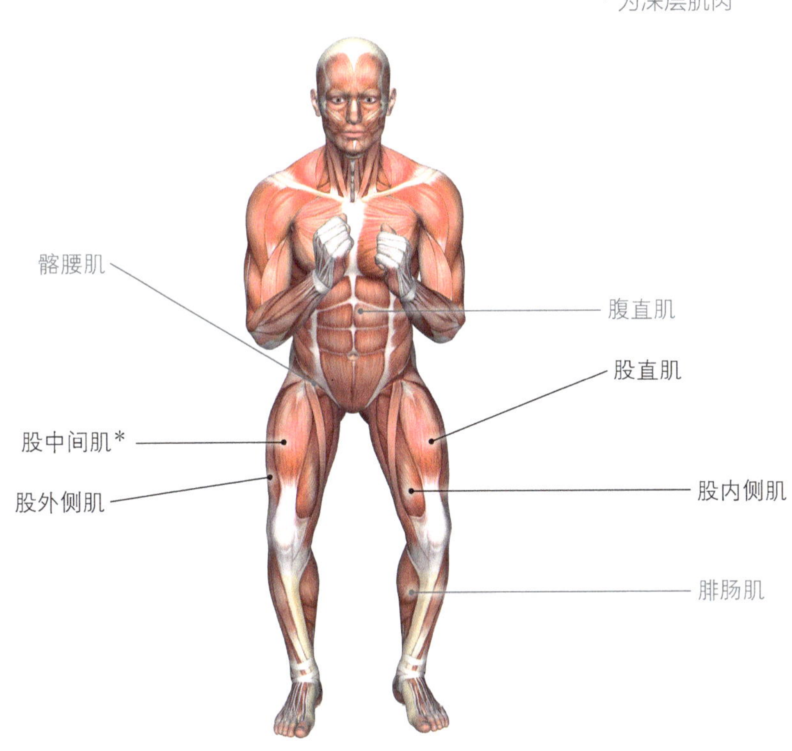

DFRB

DFRB，代表着“迅速倒下、下压触地、恢复和翻身”，这几个动作要一气呵成。该图中，地面指的是垫面。

正确做法

- 躯干保持挺直
- 核心收紧

避免

- 运动速度过于缓慢

1 身体呈站立姿势，做好准备。

2 身体向前扑倒呈俯撑姿势。

3 脚尖着地，胸部朝地面下压，摆出“下压触地”的姿势。

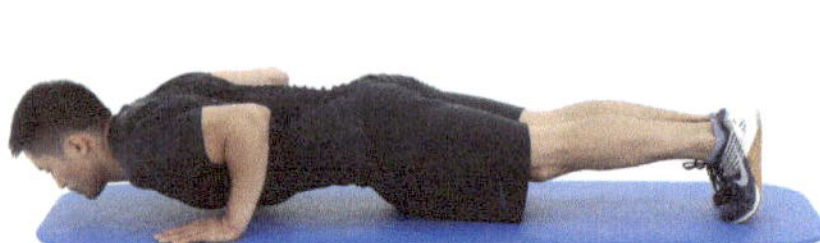

4 双手撑地，同时双脚迅速向胸部方向跳跃，接着迅速站起，恢复准备姿势。

5 迅速倒地，呈仰卧姿势，头部着地，脚后跟着地。

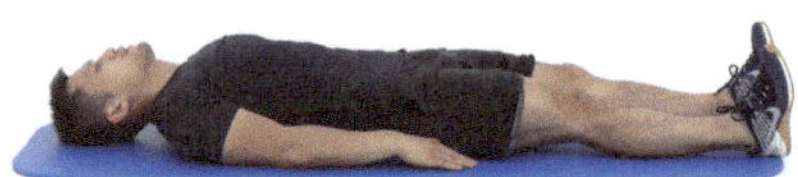

6 迅速站起呈准备姿势。重复以上步骤至规定次数。

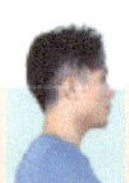

教练提示

运动过程中务必保持运动的连贯性。

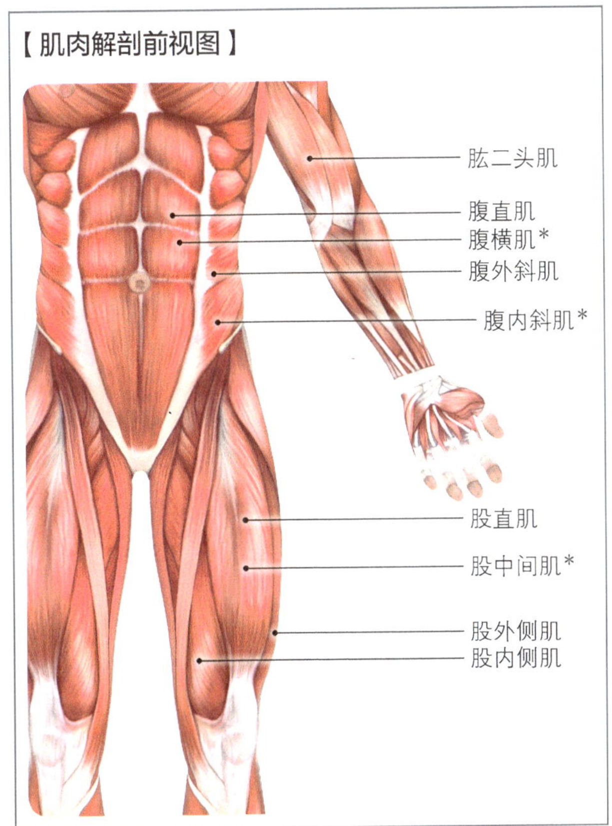

锻炼目标

- 全身

锻炼器械

- 无

级别

- 高级

呼吸提示 

- 全程均匀呼吸

益处

- 强化四肢肌肉
- 提高身体灵活性

注意

- 胸关节疼痛
- 肩关节疼痛

解析关键

- 黑色字体为主要锻炼的肌肉
- 灰色字体为次要锻炼的肌肉

* 为深层肌肉

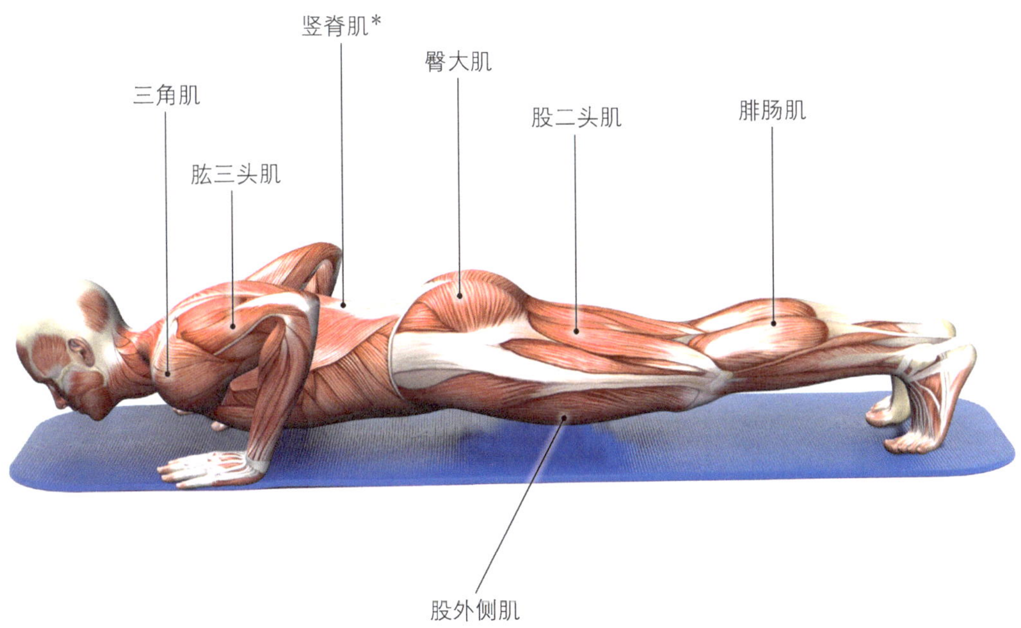

直臂平板支撑

做直臂平板支撑时呈俯撑姿势，身体呈一条直线保持平衡，可以有效地锻炼腹肌，也是训练核心肌群的有效方法。

教练提示

全程保持核心收紧、背部挺直。保持肩、髋、踝关节在一条直线上。

正确做法

- 保持身体稳定
- 双臂伸直位于肩关节下方

避免

- 肘关节锁死

双臂伸直，分开略宽于肩，双手撑于垫上，核心收紧，背部挺直，双腿略微分开，双脚脚尖撑于垫上。保持该姿势至无法继续坚持。

【肌肉解剖前视图】

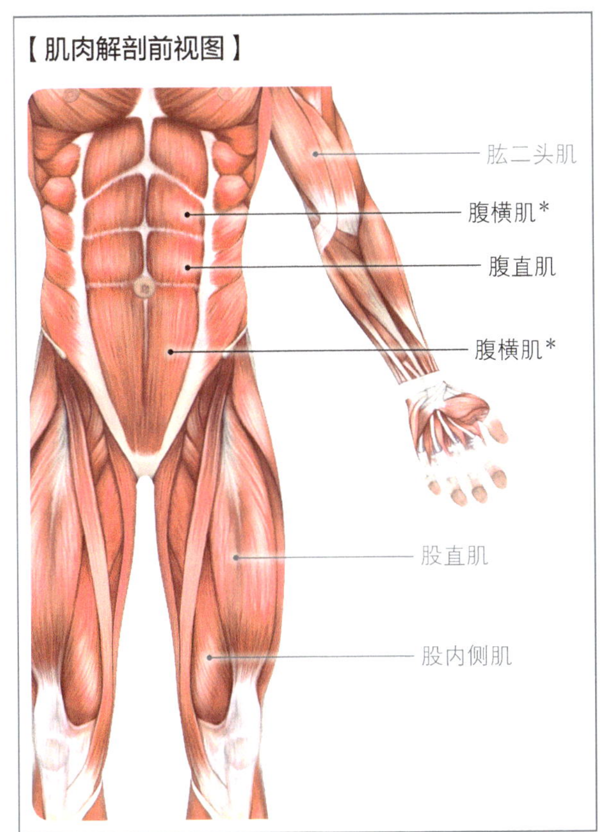

锻炼目标
- 核心

锻炼器械
- 无

级别
- 中级

呼吸提示
- 全程均匀呼吸

益处
- 提高身体稳定性
- 增强核心力量

注意
- 肩关节疼痛
- 肘关节疼痛

解析关键

- 黑色字体为主要锻炼的肌肉
- 灰色字体为次要锻炼的肌肉

* 为深层肌肉

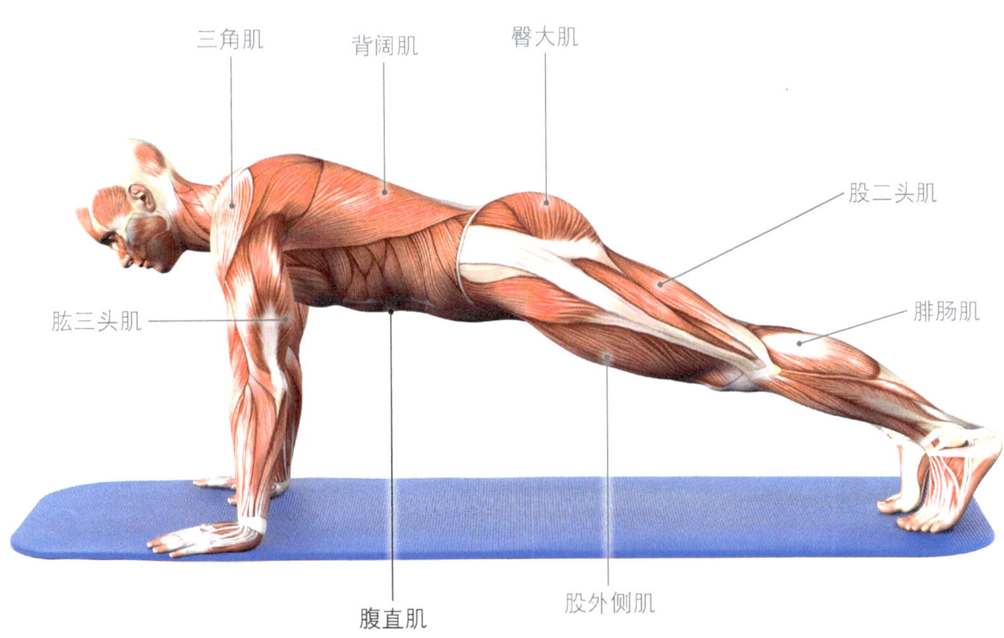

移动平板支撑

移动平板支撑可以训练所有腹部肌肉并有效地提高核心肌群的耐力。

正确做法

- 躯干呈一条直线
- 背部挺直，核心收紧
- 双脚位置固定

避免

- 髋部下塌

1 双臂屈肘，双手十指交叉紧握，肘部撑于垫上。核心收紧，背部挺直，双腿并拢，双脚脚尖撑于垫上。

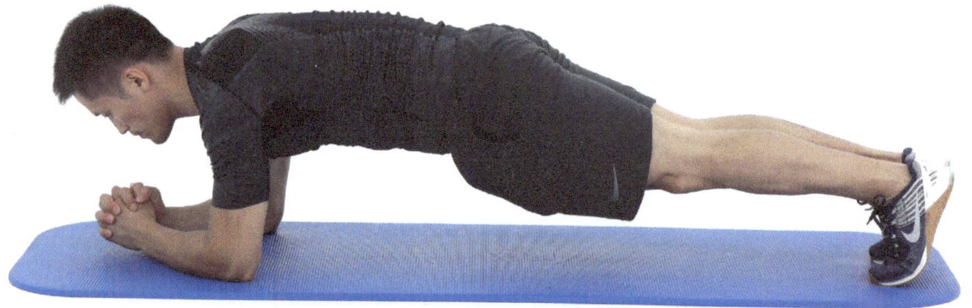

教练提示

运动过程中，始终保持核心收紧、背部挺直、双脚脚尖撑于垫上。

2 保持核心稳定，双臂交替伸直撑起身体，双臂位于肩部正下方。身体稳定后，双臂交替屈肘，使肘部撑于垫上，回到准备姿势。重复以上步骤至规定次数。

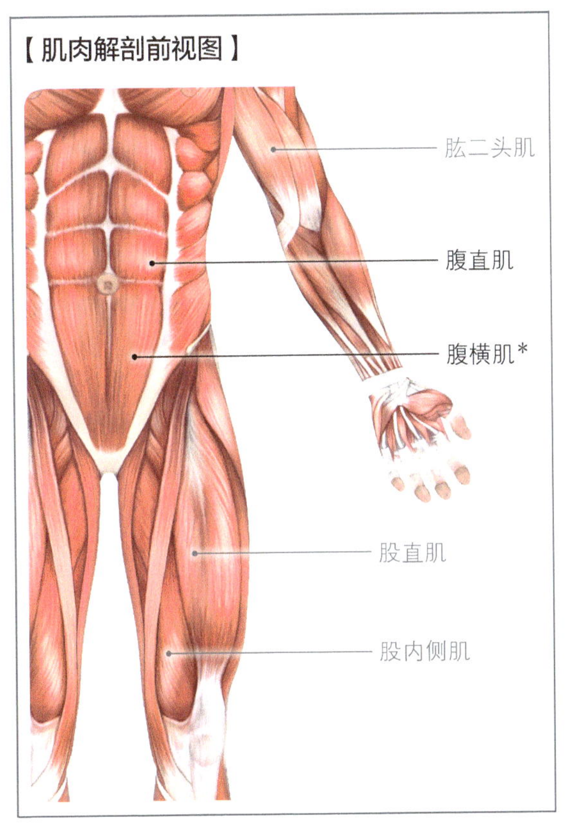

锻炼目标

- 核心
- 手臂

锻炼器械

- 无

级别

- 中级

呼吸提示 

- 发力时呼气，还原时吸气

益处

- 提高核心稳定性
- 增强手臂肌肉力量

注意

- 肩关节疼痛
- 肘关节疼痛

解析关键

- 黑色字体为主要锻炼的肌肉
- 灰色字体为次要锻炼的肌肉

* 为深层肌肉

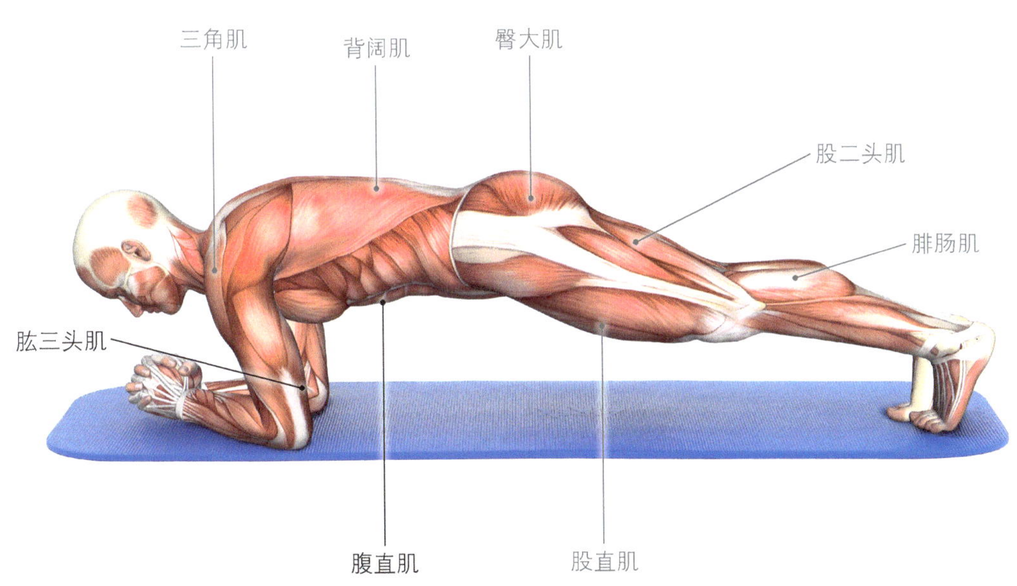

侧平板支撑抬臀

侧平板支撑抬臀在平板支撑的基础上提高了难度，可以进一步锻炼核心肌群。

正确做法
- 挺胸收腹，腰背挺直
- 身体呈一条直线
- 核心始终收紧

避免
- 肩部压力过大

1 侧撑于垫上，身体呈一条直线。双腿伸直，双脚并拢，右侧肘关节在肩关节的下方，左侧手叉腰。

教练提示

在运动过程中始终控制身体平衡，利用核心力量保证脊椎处于中立位。

2 身体先下降，侧腹部发力，再向上抬起，重复以上步骤至规定次数。然后换一侧重复上述动作。

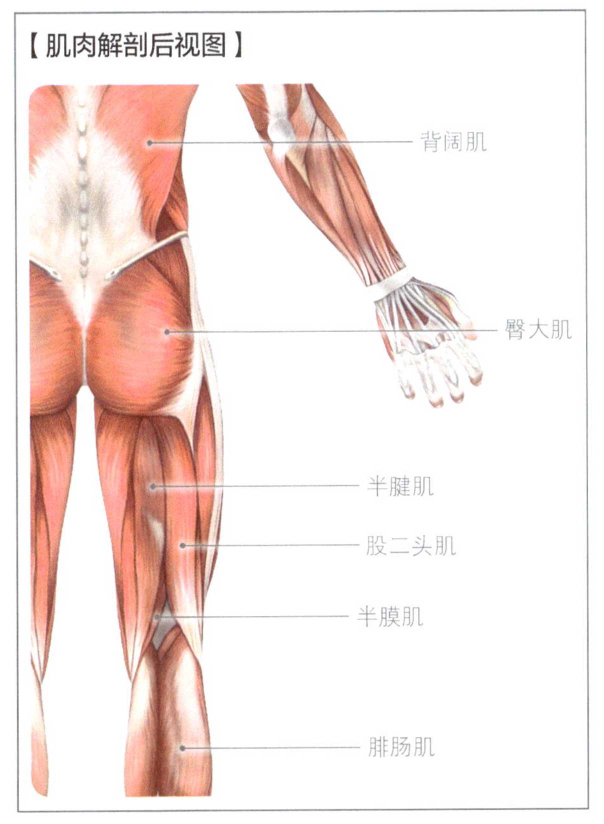

锻炼目标
- 核心

锻炼器械
- 无

级别
- 中级

呼吸提示 
- 躯干上抬时呼气，下降时吸气

益处
- 提高核心稳定性
- 增强身体力量

注意
- 肩部疼痛
- 髋部疼痛

解析关键

- 黑色字体为主要锻炼的肌肉
- 灰色字体为次要锻炼的肌肉

* 为深层肌肉

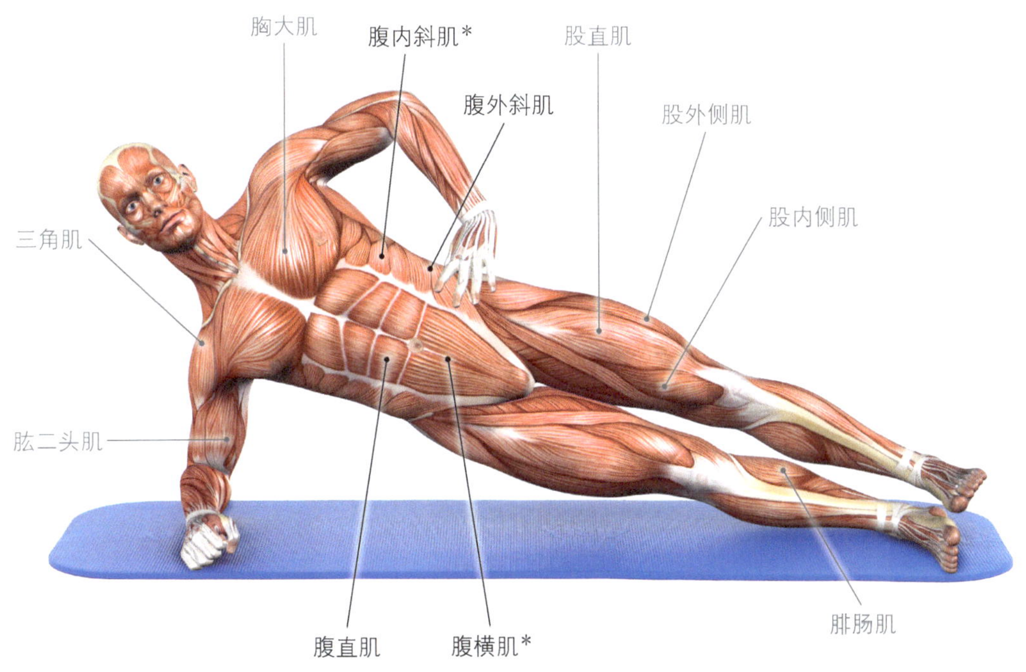

跪姿髋屈肌拉伸

跪姿髋屈肌拉伸，对于放松大腿前侧有很好的效果，同时能对髋部前侧肌肉进行拉伸，提高肌肉柔韧性。

1 身体呈跪姿，躯干在中立位，核心收紧，保持稳定，双手叉腰。一侧腿呈弓箭步姿势，大腿平行于地面，另一侧腿充分向后伸展，小腿整体贴近地面。

正确做法

- 躯干始终保持中立位
- 上半身保持挺直
- 核心始终收紧

避免

- 背部弯曲，上半身前俯

教练提示

运动过程中避免摔倒，同时注意不要扭转膝关节。

2 身体重心前移至最大幅度，感受髂腰肌有充分的拉伸感。

3 保持相应的时间，回到起始姿势。重复以上步骤至规定次数。

【肌肉解剖后视图】

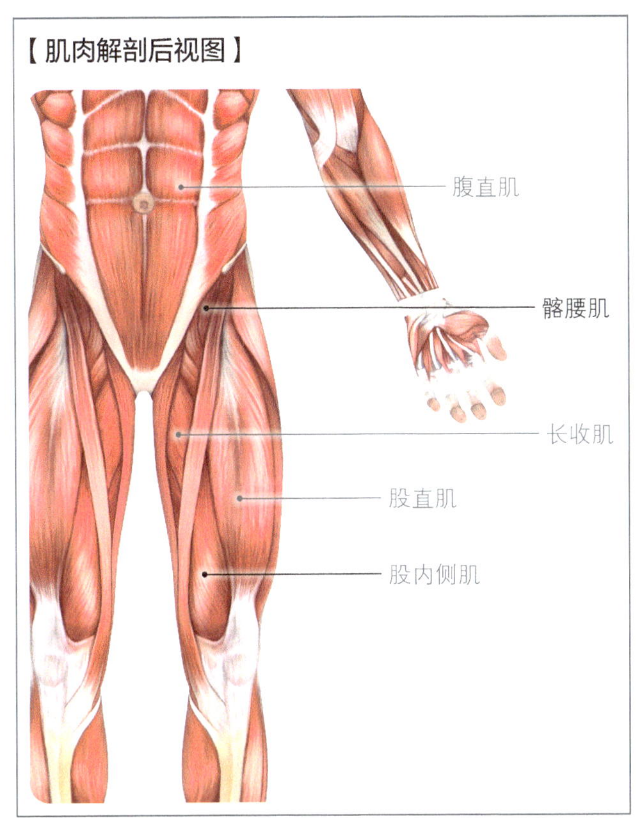

锻炼目标
- 腿部

锻炼器械
- 无

级别
- 中级

呼吸提示 
- 全程保持均匀呼吸

益处
- 提高腿部肌肉柔韧性

注意
- 膝关节疼痛
- 髋部疼痛

解析关键

- 黑色字体为主要锻炼的肌肉
- 灰色字体为次要锻炼的肌肉

* 为深层肌肉

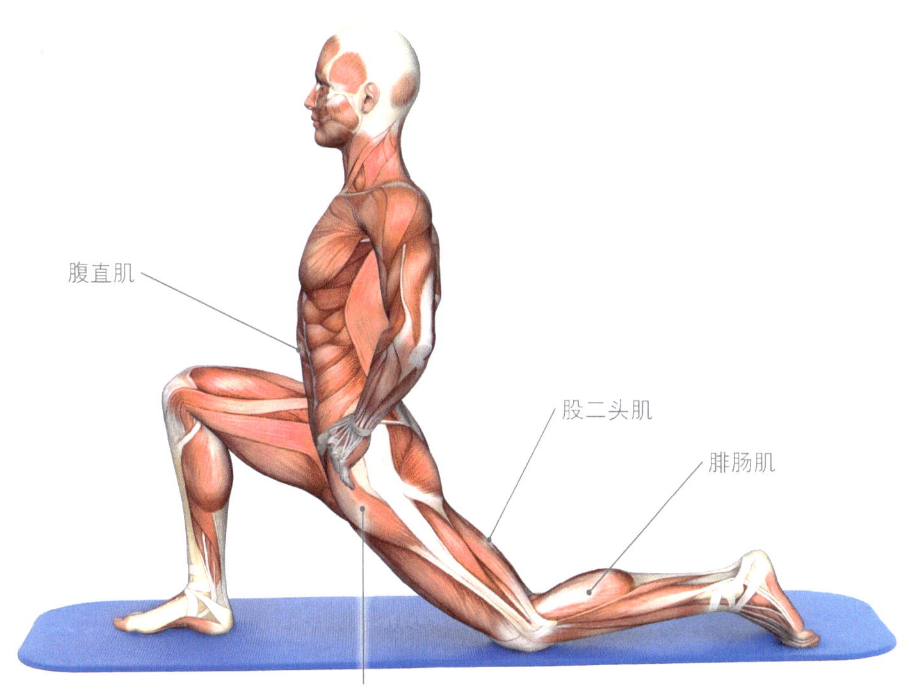

俯卧爬行

俯卧爬行训练难度相对较低，在爬行的时候需要很强的核心力量来保证脊椎处于稳定的中立位。

正确做法

- 腿部呈一条直线
- 双脚位置固定
- 核心始终收紧

避免

- 双脚移动位置

1 俯身屈髋姿势，双腿双手分开与肩同宽撑在垫子上，手臂伸直，核心收紧。

教练提示

做此动作时不要贪图爬行得远，主要目的是保证动作的规范性。

2 核心收紧，在两脚保持不动的情况下，双手交替向前爬。

3 双脚位置固定，双手继续交替向前爬行。

4 双手向前爬行至最远端，回到起始姿势。重复以上步骤至规定次数。

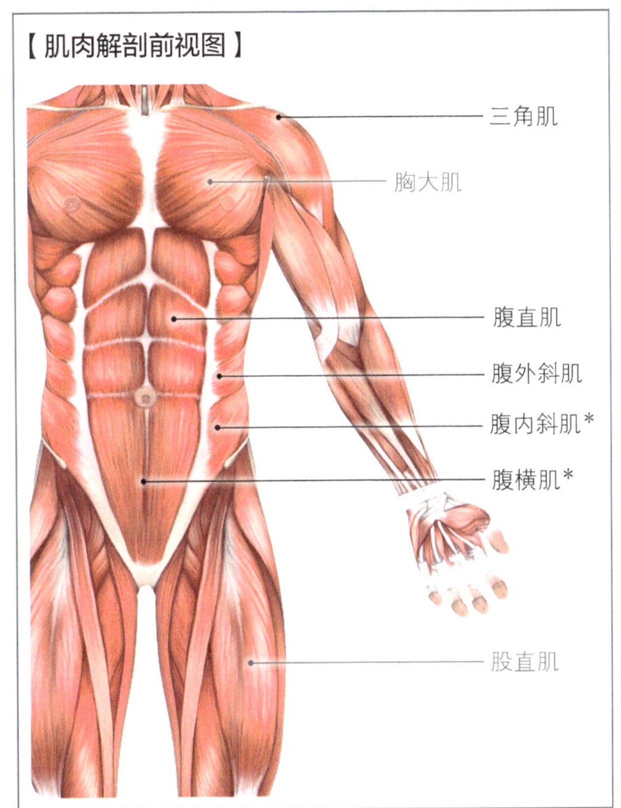

锻炼目标

- 腹部
- 肩部

锻炼器械

- 无

级别

- 中级

呼吸提示

- 全程保持均匀呼吸

益处

- 提高核心稳定性
- 提高四肢协调性

注意

- 肩关节疼痛

解析关键

- 黑色字体为主要锻炼的肌肉
- 灰色字体为次要锻炼的肌肉

* 为深层肌肉

四肢行走

四肢行走可以提高身体协调性，并锻炼全身的肌肉，使肌肉变得更加有张力和弹性。

正确做法

- 双脚位置不动
- 上半身挺直
- 双腿保持伸直

避免

- 双脚移动位置

1 双腿微屈，屈曲躯干和髋关节至双手支撑在脚前方的地面上。

2 腹部收紧，然后双臂交替向前爬行。

3 双臂继续交替向前爬行，至身体呈一条直线。

4 双脚交替前进至屈髋、屈曲躯干的最大幅度处。最后回到起始姿势。重复以上步骤至规定时间。

教练提示

运动全程始终保持双腿伸直，脚尖位置保持固定。

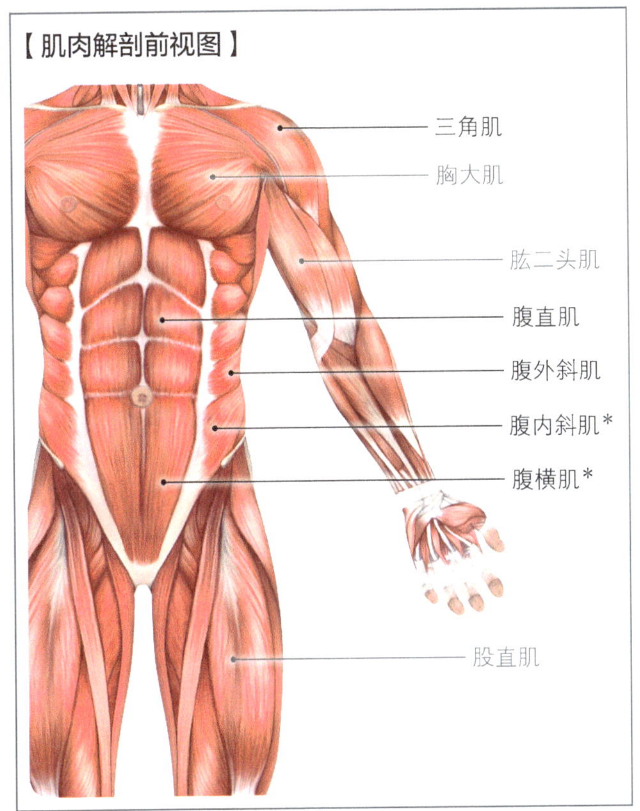

锻炼目标
- 腹部
- 肩部

锻炼器械
- 无

级别
- 中级

呼吸提示
- 全程均匀呼吸

益处
- 提高身体协调性
- 充分锻炼身体肌肉

注意
- 髋关节疼痛
- 肩关节疼痛

解析关键

- 黑色字体为主要锻炼的肌肉
- 灰色字体为次要锻炼的肌肉

* 为深层肌肉

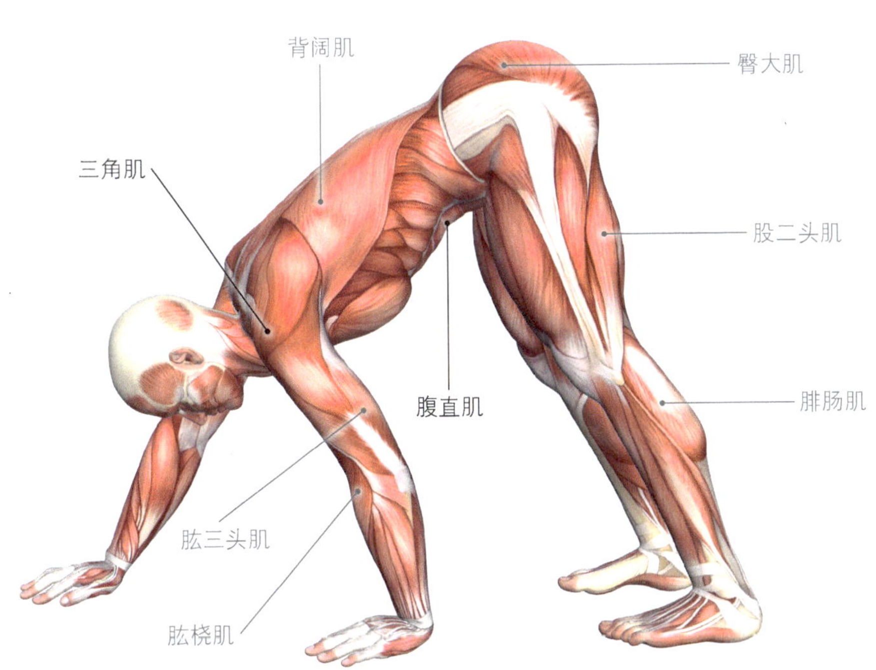

蜘蛛爬行

蜘蛛爬行能够锻炼核心与手臂的肌肉力量和耐力，同时还能提高身体的稳定性。

正确做法

- 背部始终保持挺直
- 核心始终收紧

避免

- 肩关节压力过大

1 俯撑姿势，双手间距宽于肩撑在垫上，双臂伸直，背部挺直，腹部收紧，双腿略微分开，双脚脚尖撑在垫上。

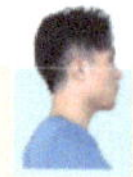

教练提示

腿部外展时要保持与地面平行，以保持腿部稳定。

2 肘关节屈曲90度，一侧腿外展上提，使大腿尽量贴近躯干侧面。

3 双臂伸直，恢复准备姿势。

4 双臂屈肘，身体下降，换另一侧腿外展上提。重复以上步骤至规定次数。

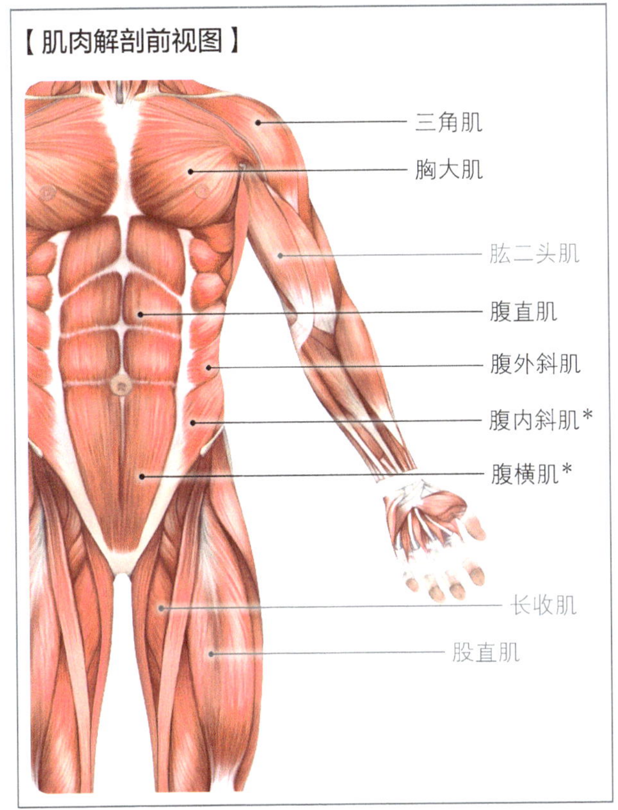

锻炼目标
- 肩部
- 胸部
- 手臂
- 核心

锻炼器械
- 无

级别
- 高级

呼吸提示
- 全程保持均匀呼吸

益处
- 提高核心稳定性
- 提高四肢协调性

注意
- 膝关节疼痛
- 肩关节疼痛

解析关键

- 黑色字体为主要锻炼的肌肉
- 灰色字体为次要锻炼的肌肉

* 为深层肌肉

开合深蹲跳

开合深蹲跳可提高弹跳能力，能全面锻炼股四头肌、股二头肌、臀部肌肉，在弹跳训练中加入此练习可以提高训练效果。

正确做法

- 上下肢摆动要协调
- 核心收紧、手臂尽量伸直

避免

- 大腿低于水平面

1 双脚分开，平行站立，脚尖朝前，双腿伸直，臀部收紧，挺胸抬头，目视前方，下颌收紧，双臂自然下垂。

2 屈膝屈髋下蹲至大腿平行于水平面，双臂伸直置于双腿外侧，掌心相对。

教练提示

下蹲时双膝的方向应与双脚脚尖的方向一致，保证下肢处于正确的位置。

3 快速垂直向上跳起，双手迅速上摆至头顶并击掌，身体充分伸展，同时两腿并拢落地。

4 落地缓冲，脚尖先着地，再迅速过渡到全脚掌着地，恢复准备姿势。重复以上步骤至规定次数。

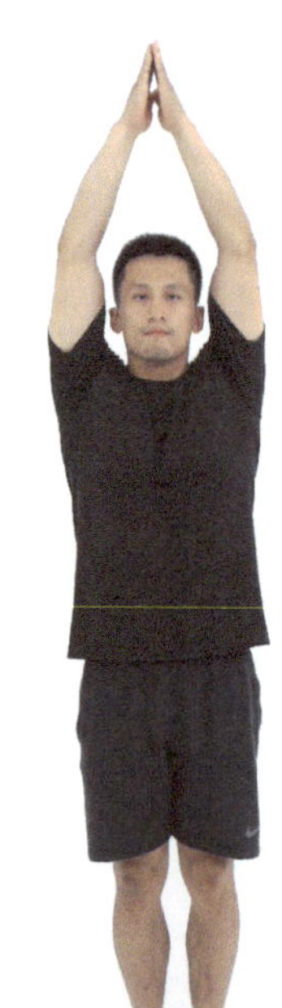

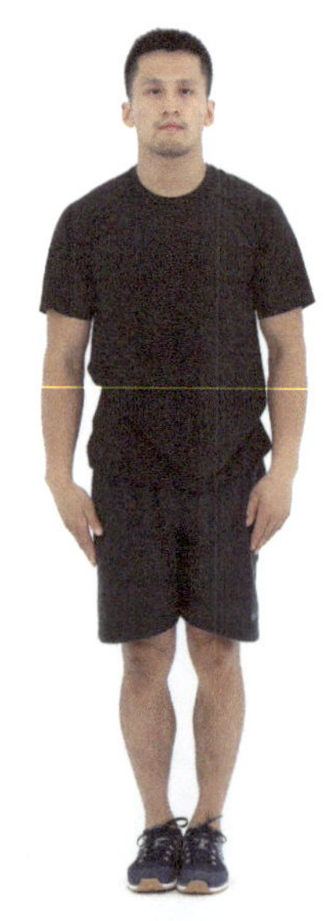

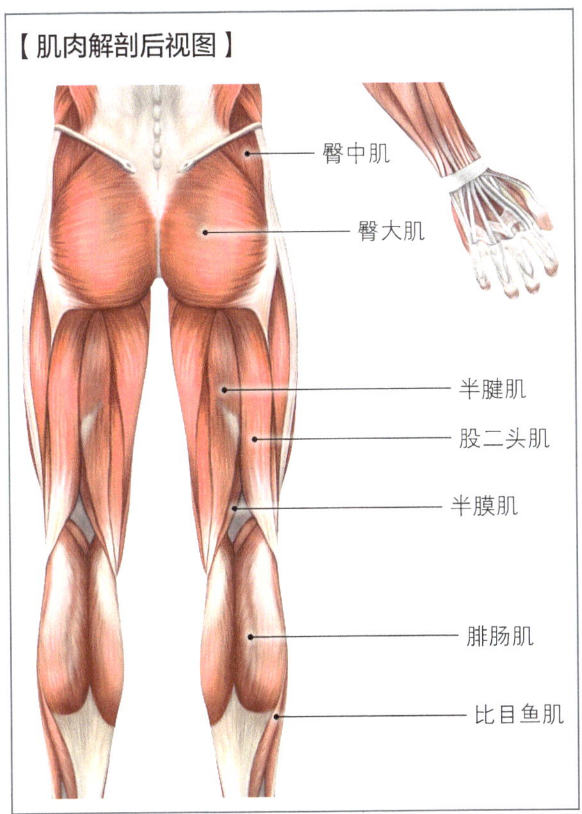

锻炼目标
- 腿部
- 臀部

锻炼器械
- 无

级别
- 高级

呼吸提示 
- 向上跳起时呼气，向下落地准备缓冲时吸气，起跳前微微憋气以准备发力

益处
- 提高整体协调性
- 增强四肢协调性

注意 
- 膝关节疼痛
- 踝关节疼痛

解析关键
- 黑色字体为主要锻炼的肌肉
- 灰色字体为次要锻炼的肌肉

* 为深层肌肉

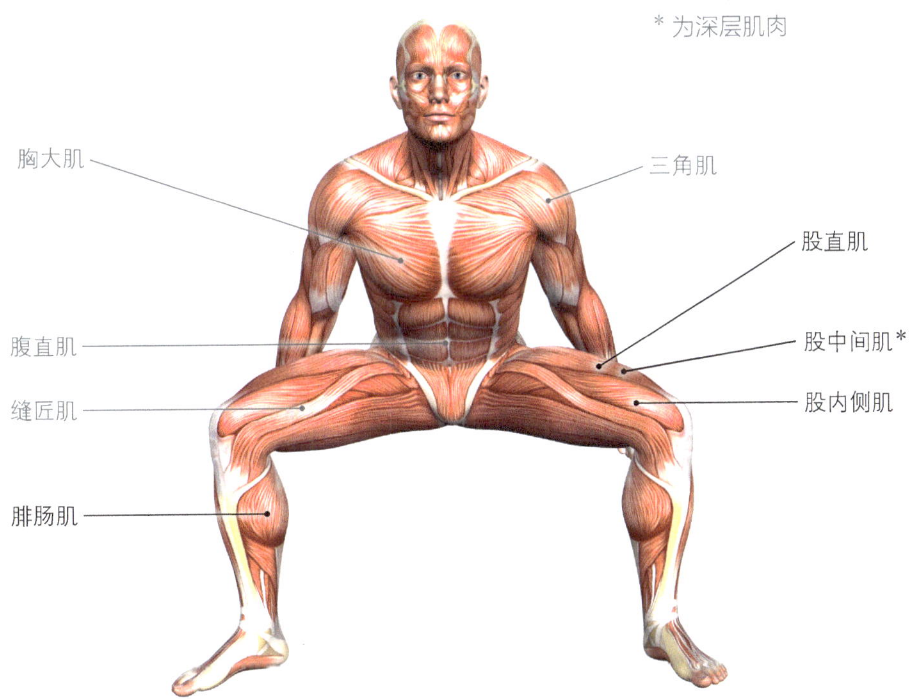

肩关节碎石机

肩关节碎石机是针对肩部的一项锻炼，动作具有连贯性，能提高肩部的力量。

正确做法

- 肩部保持放松
- 保证动作连贯

避免

- 肩部耸起

1 身体直立，双脚分开与肩同宽，双手各握一个哑铃置于大腿前侧，掌心向后。

2 双臂屈肘，双手上提哑铃至胸部位置。

3 坐在训练椅上，双脚分开与肩同宽，双手各握一个哑铃自然下垂于身体两侧，掌心相对。躯干前俯使胸部与大腿接触。

4 背部发力，双臂同时侧平举，肘关节轻微屈曲。

5 将一个哑铃放于地面，起身站立，双脚与肩同宽或略宽于肩，单手握哑铃放于肩关节上方，另一手自然下垂。

6 手臂向上伸直，将哑铃举过头顶。

教练提示

运动速度不宜过快。肩部应明显发力。

7 将地上的哑铃拿起，坐在训练椅上，双脚分开与肩同宽，双手各握一个哑铃自然下垂于身体两侧，掌心相对。躯干前俯使胸部与大腿接触。

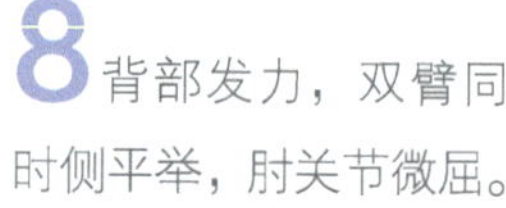

8 背部发力，双臂同时侧平举，肘关节微屈。

9 起身至直立，双臂屈肘，双手上抬至胸部位置。

10 双臂伸直，回到起始姿势。重复以上步骤至规定次数。

锻炼目标
- 肩部
- 背部
- 手臂

锻炼器械
- 哑铃
- 训练椅

级别
- 高级

呼吸提示 
- 全程均匀呼吸

益处
- 增强肩部肌肉力量
- 提高肩部稳定性

注意 
- 肩关节疼痛
- 肘关节疼痛

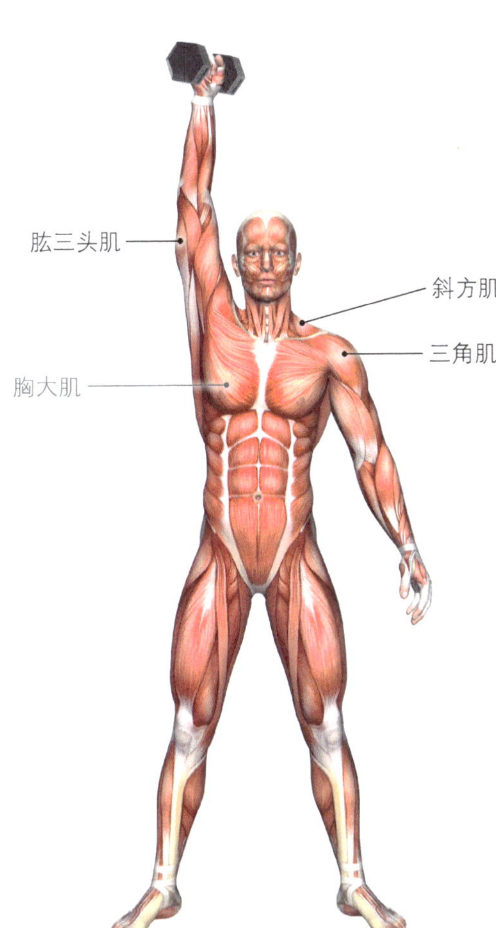

解析关键

- 黑色字体为主要锻炼的肌肉
- 灰色字体为次要锻炼的肌肉

* 为深层肌肉

【肌肉解剖后视图】

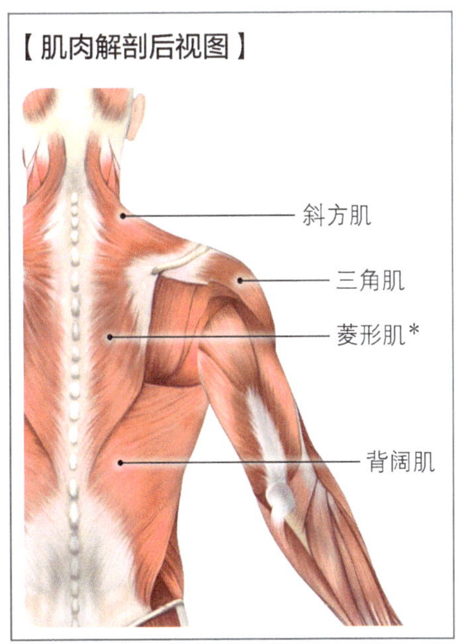

1/2奥林匹克挺举

哑铃1/2奥林匹克挺举属于高难度的训练动作，可以有效提高全身的爆发力，改善力从腿部传递至双臂的效率。但由于该动作要求速度快，因此练习此动作之前应充分热身，才能避免受伤。

正确做法

- 核心收紧
- 背部挺直

避免

- 膝关节超过脚尖

1 双脚开立，略窄于肩。双手各握一个哑铃放在肩关节上方。

教练提示

此动作要连贯才可以最有效地利用爆发力进行推举，使关节充分伸展。

2 双腿蹬地后，重心快速下移呈弓箭步姿势，同时手臂向上伸直，将哑铃举过头顶。

3 双腿发力恢复直立姿势。重复以上步骤至规定次数。

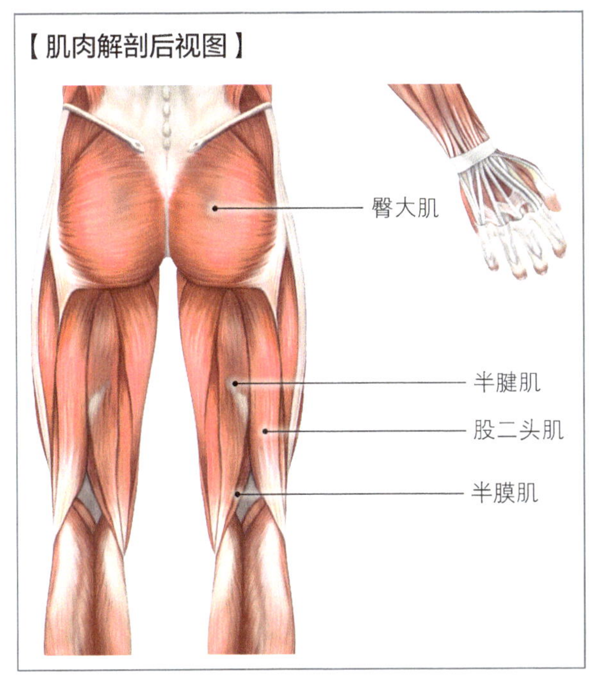

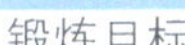

锻炼目标

- 臀部
- 大腿
- 肩部

锻炼器械

- 哑铃

级别

- 高级

呼吸提示 

- 全程均匀呼吸

益处

- 提高身体爆发力
- 增强肌肉力量

注意 

- 膝关节疼痛
- 肩关节疼痛

解析关键

- 黑色字体为主要锻炼的肌肉
- 灰色字体为次要锻炼的肌肉

* 为深层肌肉

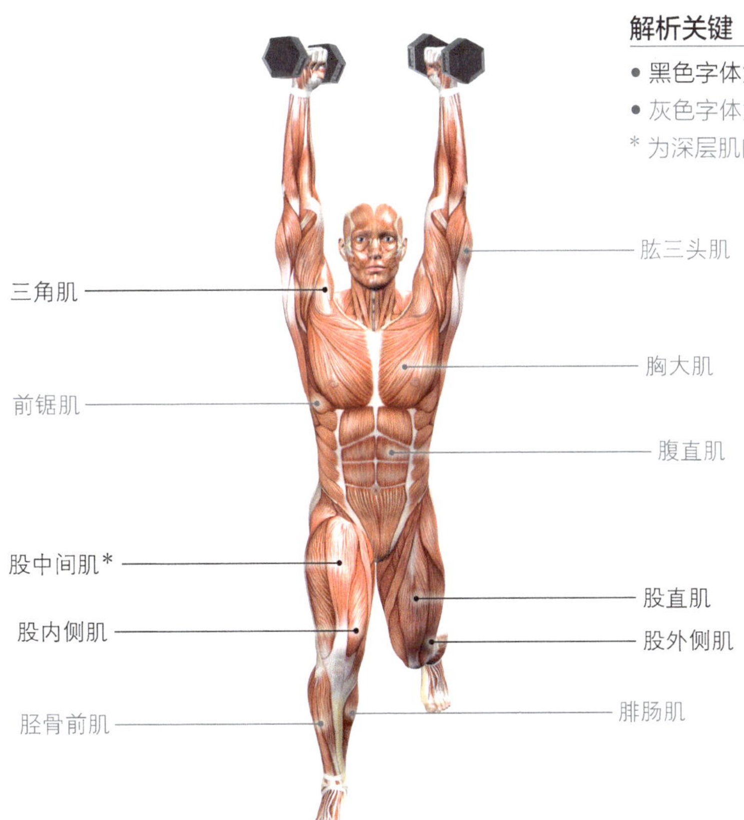

俯身YTW形伸展

俯身YTW形伸展可以有效锻炼背部肌肉，强化肩部肌群，起到挺拔身姿的作用。

正确做法

- 手臂与躯干在同一平面
- 头部保持中立位

避免

- 肩部耸起

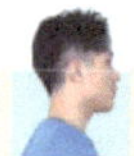

教练提示

此动作通过肩关节、肘关节屈曲与伸展，锻炼背部肌肉，提高肩部灵活性。

1 双脚平行站立，分开与肩同宽，双腿伸直，臀部收紧，挺胸抬头，目视前方，双臂自然下垂。

2 屈膝屈髋，躯干前倾且挺直。双臂伸直外展，手掌伸直，掌心向内，与躯干在同一平面，手臂与躯干之间的夹角约为135度，形成Y形。

3 躯干保持挺直，背部收紧，双臂侧平举与躯干之间的夹角约为90度，呈T形。

4 屈肘，使双臂与躯干形成W形。

5 动作完成后恢复准备姿势。重复以上步骤至规定次数。

【肌肉解剖后视图】

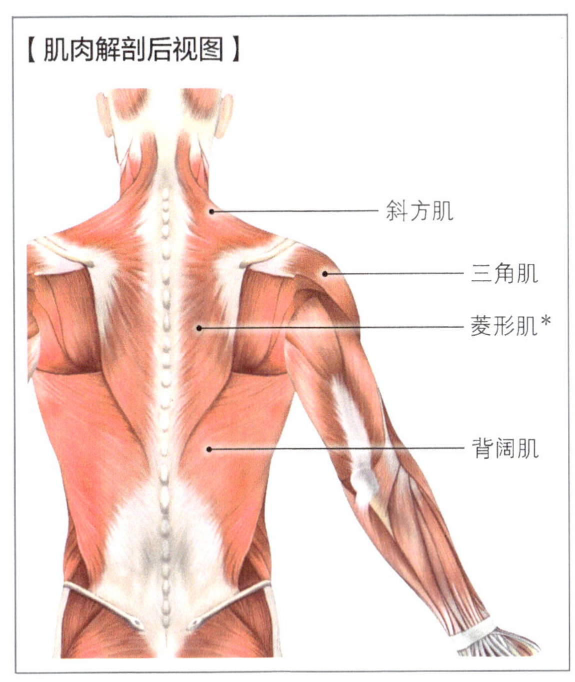

锻炼目标

- 肩部
- 背部

锻炼器械

- 无

级别

- 初级

呼吸提示 

- 发力时呼气，还原时吸气

益处

- 增强背部和肩部肌肉
- 提高肩部灵活性

注意 

- 背部疼痛
- 肩关节疼痛

解析关键

- 黑色字体为主要锻炼的肌肉
- 灰色字体为次要锻炼的肌肉

* 为深层肌肉

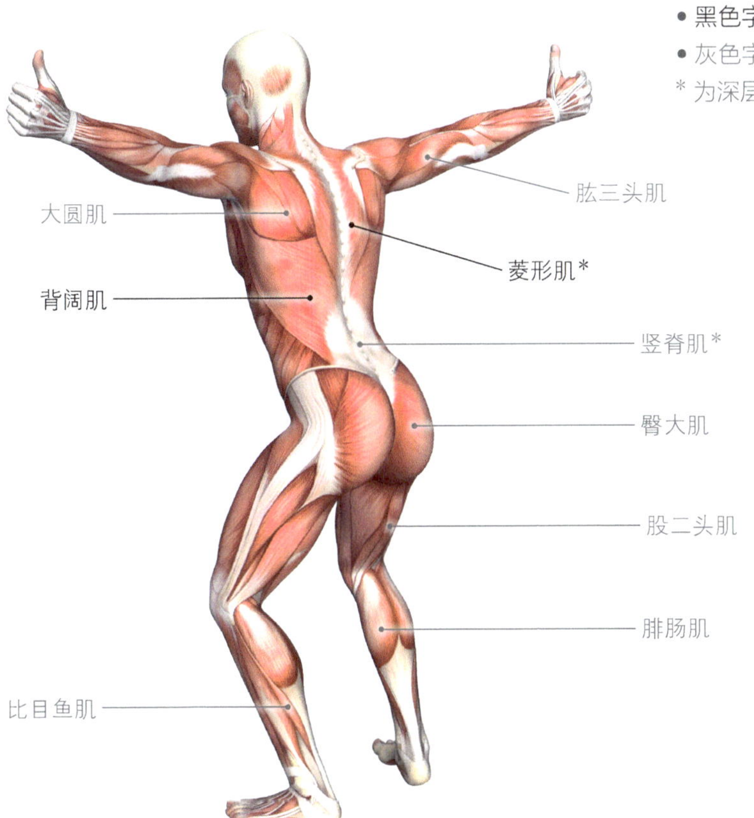

双臂提拉

双臂提拉，通过提拉哑铃刺激背部肌肉，同时在一定程度上增强手臂力量。

正确做法

- 核心保持收紧
- 背部始终挺直

避免

- 肩部耸起

1 双脚开立，与肩同宽。双手各握一个哑铃自然垂于身体前方，掌心向后。

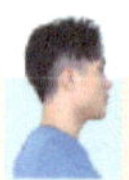

教练提示

此动作通过肩关节外展、屈曲与伸展和肘关节屈曲与伸展增强肩部、手臂力量。

2 双肩发力，将双肘向两侧抬起，向上提拉哑铃。

3 双臂向上将哑铃提拉至肩部高度。

4 双臂将哑铃放下恢复准备姿势。重复以上步骤至规定次数。

【肌肉解剖后视图】

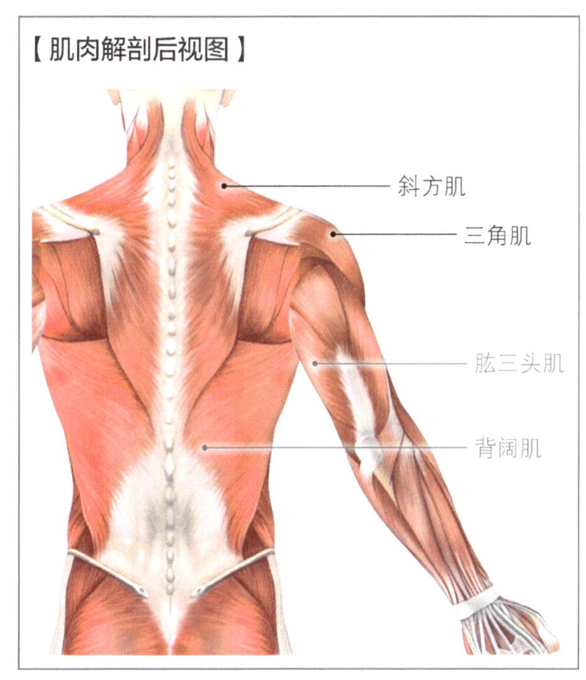

锻炼目标
- 肩部

锻炼器械
- 哑铃

级别
- 初级

呼吸提示
- 提拉时呼气，还原时吸气

益处
- 增强肩部肌肉力量

注意
- 肩关节疼痛

解析关键

- 黑色字体为主要锻炼的肌肉
- 灰色字体为次要锻炼的肌肉

* 为深层肌肉

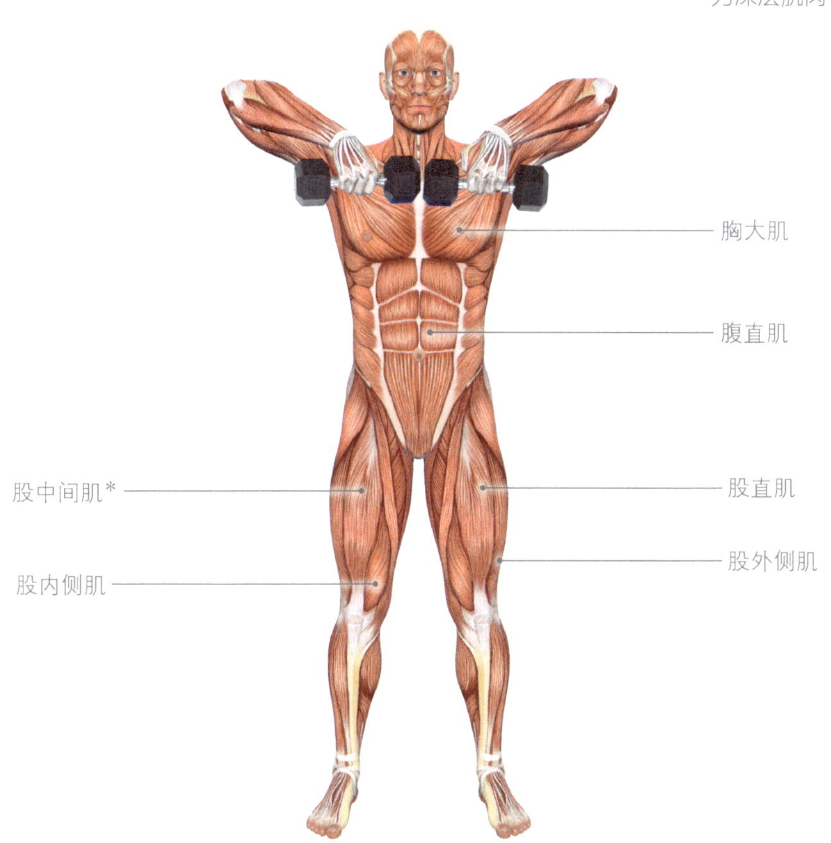

双臂侧平举

双臂侧平举是一个应用极为普遍的肩部训练动作，向两侧抬臂时三角肌和冈上肌的发力起主导作用。

1 双脚开立，与肩同宽。双手各握一个哑铃自然下垂于身体两侧。

正确做法

- 核心保持收紧
- 背部始终挺直

避免

- 肩部耸起

教练提示

在此动作的抬臂过程中肘部和手部运动的区域几乎在同一平面内。

2 肩部发力，双臂同时向两侧上举。

3 回到起始姿势。重复以上步骤至规定次数。

【肌肉解剖后视图】

斜方肌
冈上肌*
三角肌
大圆肌
背阔肌

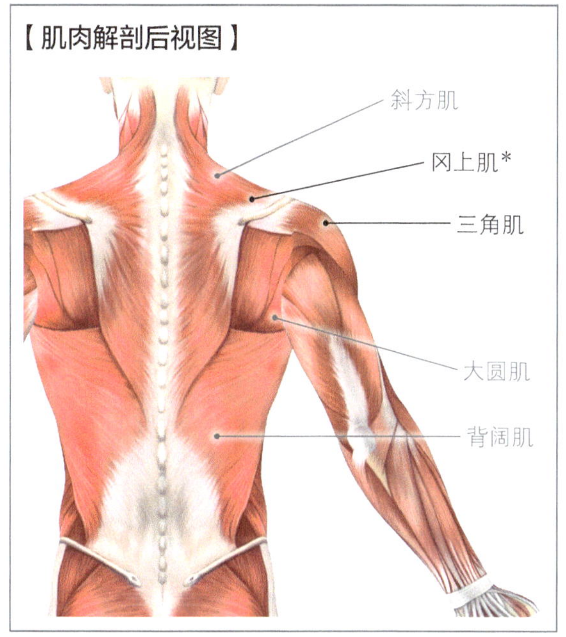

锻炼目标
- 肩部

锻炼器械
- 哑铃

级别
- 初级

呼吸提示
- 手臂下降时吸气，上抬呼气

益处
- 增强肩部肌肉力量
- 提高肩部稳定性

注意
- 肩关节疼痛

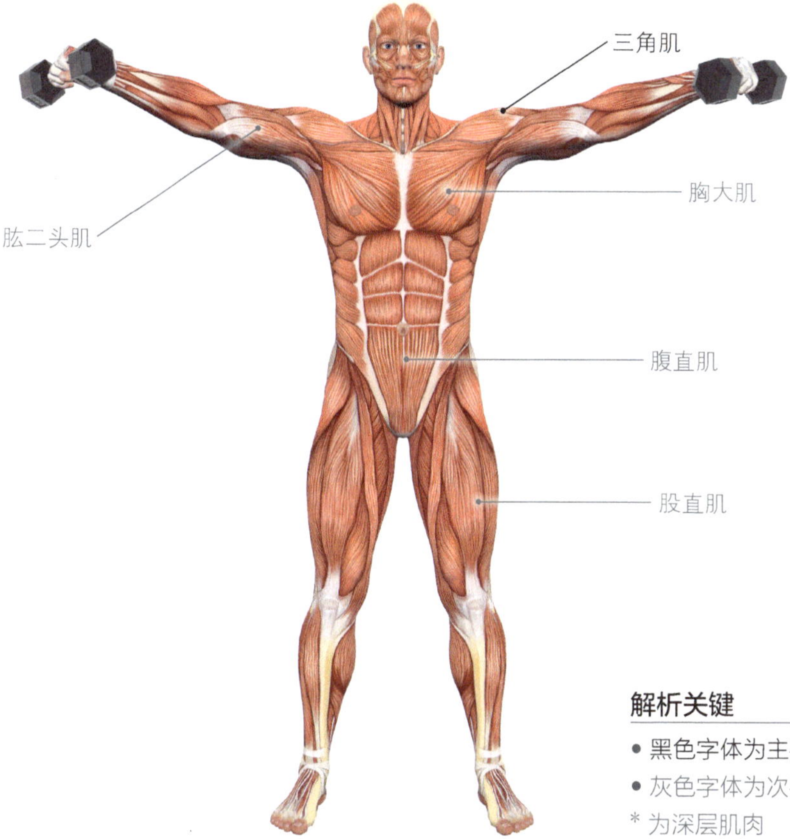

三角肌
肱二头肌
胸大肌
腹直肌
股直肌

解析关键

- 黑色字体为主要锻炼的肌肉
- 灰色字体为次要锻炼的肌肉

* 为深层肌肉

跳绳

跳绳是一项极佳的健身运动，能有效训练个人的反应和耐力，有助保持个人体态的健美与协调性，从而达到强身健体的目的。

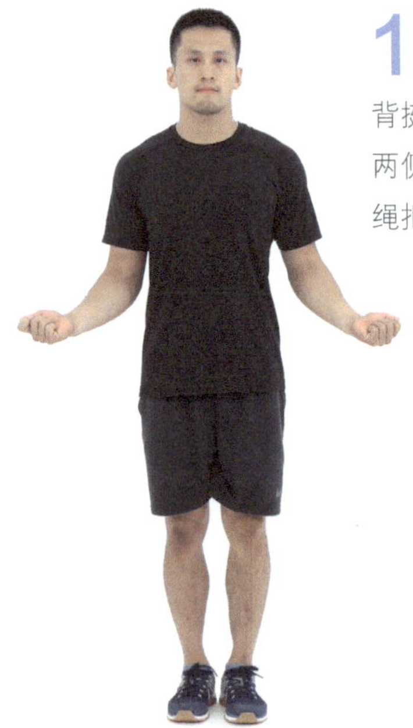

1 站姿，双脚开立，腰背挺直，双手放在身体两侧，想象双手拿着跳绳把手。

正确做法

- 核心保持收紧
- 腰背始终挺直

避免

- 脚跟率先着地

教练提示

在跳绳时应脚尖先着地，若脚跟先着地，脚踝和脊椎都有可能受到不同程度的损伤。

2 身体重心移到一侧腿上，对侧腿膝关节微抬，使脚悬空。

3 支撑腿肌肉发力跳起，在空中将重心快速移动到悬空腿，悬空腿伸直着地。此过程中双手持续在身体两侧模仿跳绳做手部画圈运动。重复以上步骤至规定次数。

【肌肉解剖后视图】

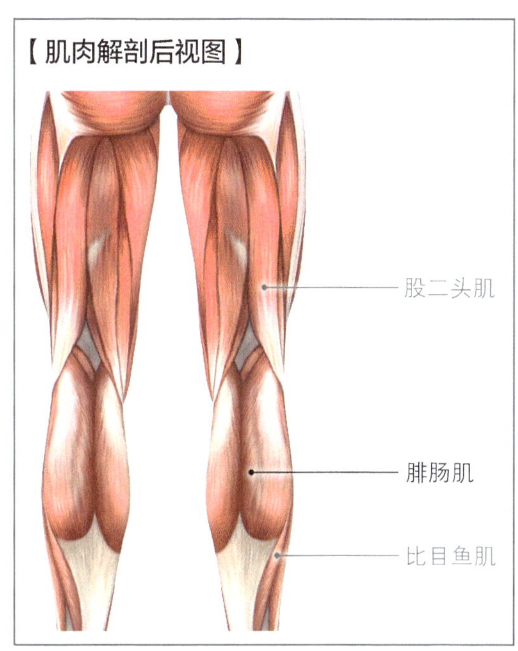

锻炼目标
- 手臂
- 腿部

锻炼器械
- 无

级别
- 初级

呼吸提示
- 全程均匀呼吸

益处
- 提高身体协调性
- 增强手臂肌肉力量

注意
- 肩关节疼痛

解析关键

- 黑色字体为主要锻炼的肌肉
- 灰色字体为次要锻炼的肌肉

* 为深层肌肉

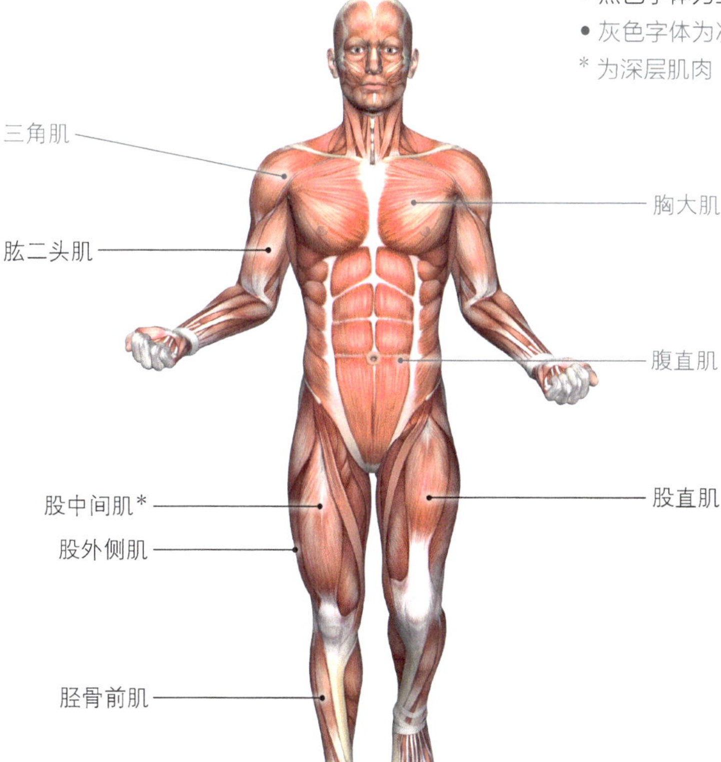

侧向跳跃

侧向跳跃是一项弹跳训练，所需力量小、速度快，可提高训练者的弹跳能力和动作速度。

1 半蹲姿势，背部挺直，膝关节和脚尖一致向前，双手握拳，放于胸前。

正确做法

- 膝关节和脚尖方向保持一致
- 背部始终挺直

避免

- 踝关节压力过大

教练提示

在跳跃过程中注意不要跳得过高，落地时注意缓冲，避免关节受到损伤。

2 下肢发力，伸膝伸髋向一侧跳跃。

3 双脚轻盈落地后，再用力向另一侧跳跃。重复以上步骤至规定次数。

【肌肉解剖后视图】

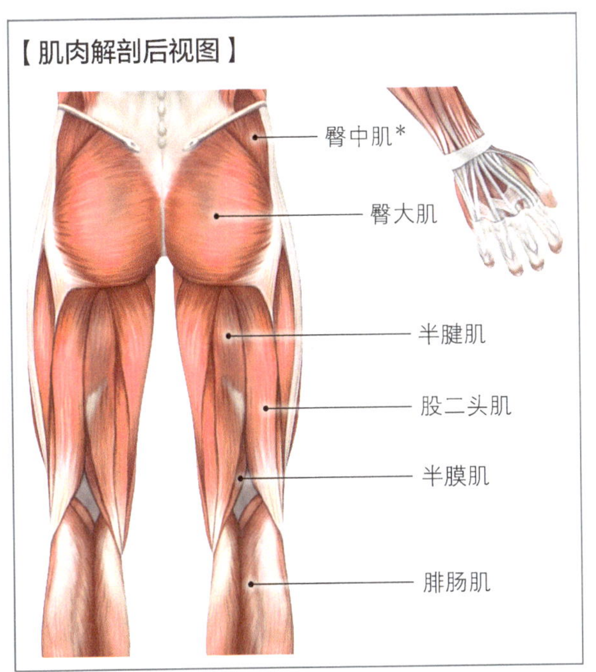

锻炼目标
- 臀部
- 腿部

锻炼器械
- 无

级别
- 中级

呼吸提示 
- 全程均匀呼吸或跳跃过程中暂时屏息

益处
- 提高弹跳能力
- 增强腿部肌肉力量

注意 
- 膝关节疼痛

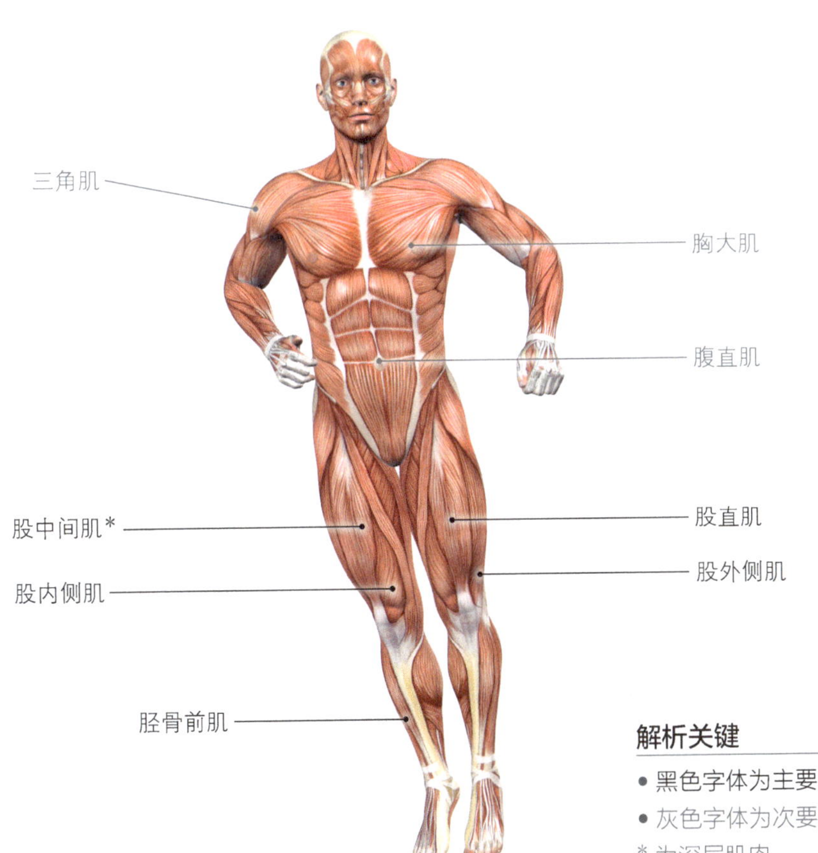

解析关键
- 黑色字体为主要锻炼的肌肉
- 灰色字体为次要锻炼的肌肉

* 为深层肌肉

登山者

登山者动作几乎能训练到全身肌群。其模拟爬山的动作，两手保持紧贴瑜伽垫，运用核心肌群的力量使两脚轮流向前运动，核心收紧，背部的起伏越小越好。

正确做法

- 躯干呈一条直线
- 核心保持收紧

避免

- 运动速度过快

1 以俯撑姿势支撑于垫上，躯干保持挺直，双臂伸直置于肩关节正下方，双脚并拢，脚尖撑于垫上。

2 躯干呈一条直线，核心收紧。一侧腿屈膝屈髋至同侧手臂后方，然后伸直回到原位。

3 换至对侧腿向前方迈出，双腿交替运动。

4 恢复准备姿势。重复以上步骤至规定次数。

【肌肉解剖前视图】

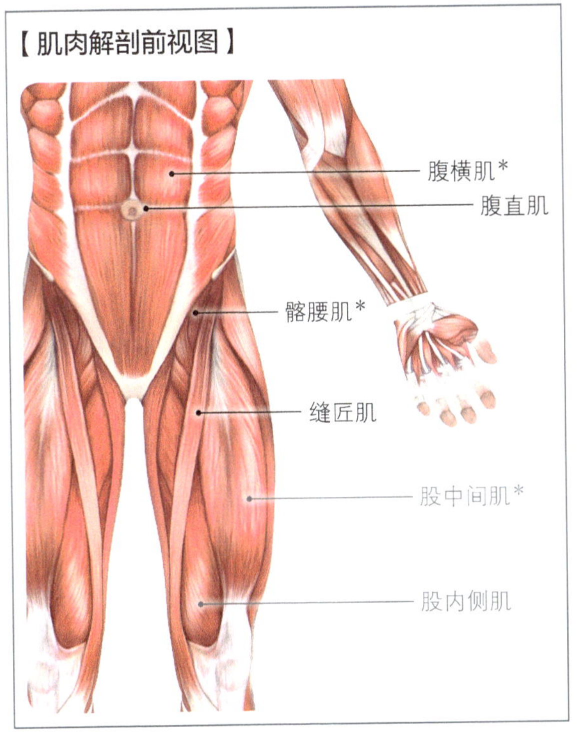

锻炼目标

- 腿部
- 腹部
- 肩部

锻炼器械

- 无

级别

- 初级

呼吸提示 

- 屈膝屈髋时呼气，还原时吸气

益处

- 增强腹部肌肉力量
- 提高肩部稳定性

注意 

- 膝关节疼痛

解析关键

- 黑色字体为主要锻炼的肌肉
- 灰色字体为次要锻炼的肌肉

* 为深层肌肉

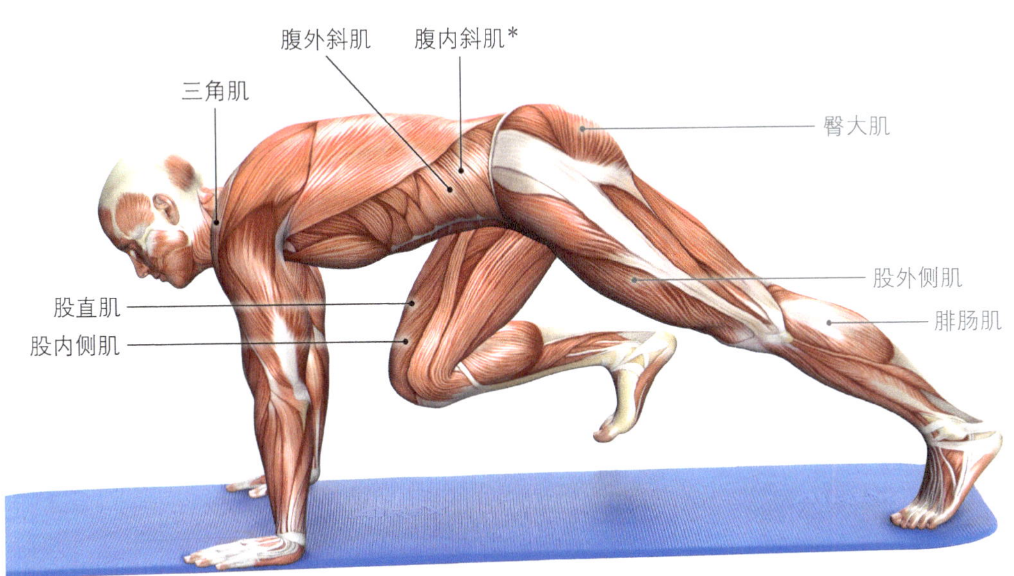

简化波比跳

简化波比跳同样可以对全身进行锻炼，结合全蹲、俯卧撑、跳跃等动作，是一种短时高效的运动项目。

正确做法

- 躯干呈一条直线
- 核心保持收紧

避免

- 运动速度过快

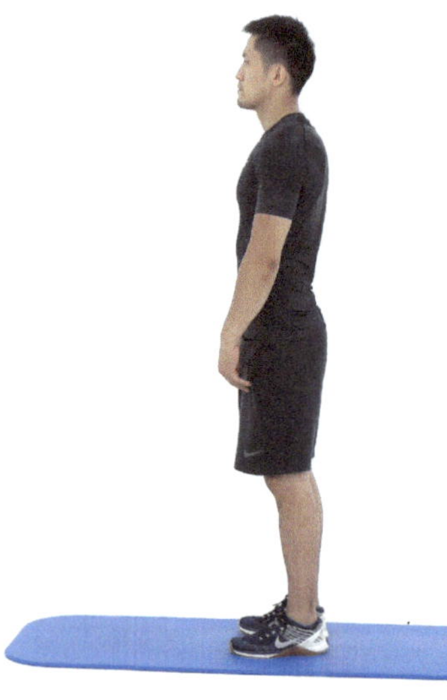

1 双脚平行站立，分开略宽于肩，脚尖朝前，双腿伸直，臀部收紧，挺胸抬头，目视前方，下颌收紧，双臂自然下垂。

2 俯身，双手撑于垫上，双腿同时向后伸直至最远端，脚尖撑于垫上，呈平板支撑姿势。

教练提示

在运动过程中，保持腹部核心收紧，起跳时双臂上举。

3 双腿同时屈膝屈髋至膝部位于胸前，呈半蹲姿势。

4 双手离开垫面，用力向上跳起。落地后回到起始姿势。重复以上步骤至规定次数。

锻炼目标

- 全身

锻炼器械

- 无

级别

- 高级

呼吸提示

- 全程保持均匀呼吸

益处

- 提高全身耐力、协调性
- 提高肩部稳定性

注意

- 膝关节疼痛

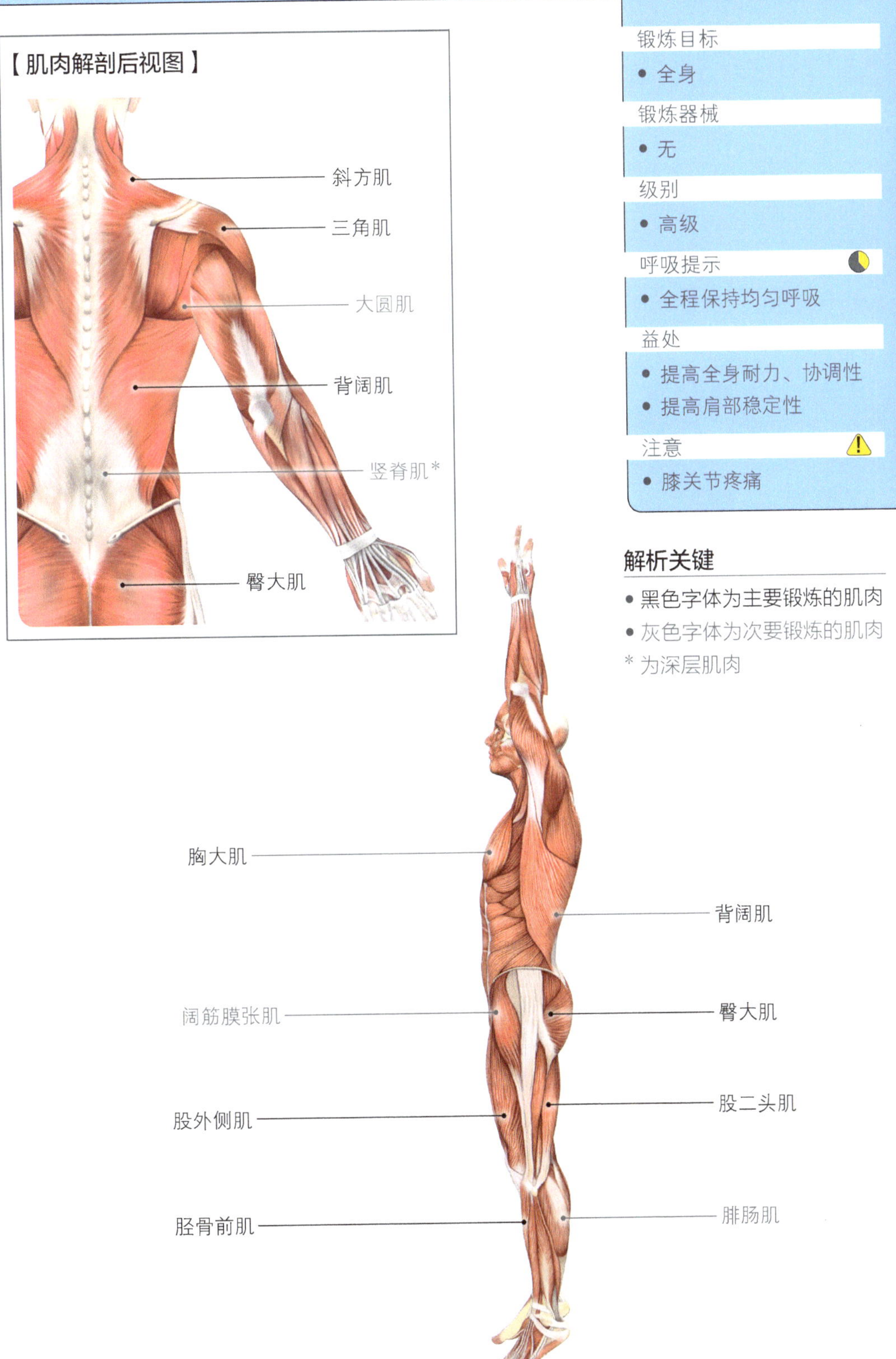

解析关键

- 黑色字体为主要锻炼的肌肉
- 灰色字体为次要锻炼的肌肉

* 为深层肌肉

小碎步俯卧撑

小碎步俯卧撑在俯卧撑的基础上增加了动作难度，可以针对身体各个位置的肌肉进行锻炼且效果更佳。

教练提示

在运动过程中，注意膝关节、髋关节不要过度锁死。

正确做法

- 背部尽量挺直
- 核心保持收紧

避免

- 肩部压力过大

1 站姿俯身，双脚分开与肩同宽，膝关节微曲，背部挺直，双臂在胸前屈曲，双手握拳。原地小碎步跑至规定时间。

2 身体下降，变为俯撑姿势，双手分开与肩同宽，支撑于地面，双腿伸直略微分开，双脚脚尖支撑于地面，核心收紧。屈肘使身体下降至胸部靠近地面。

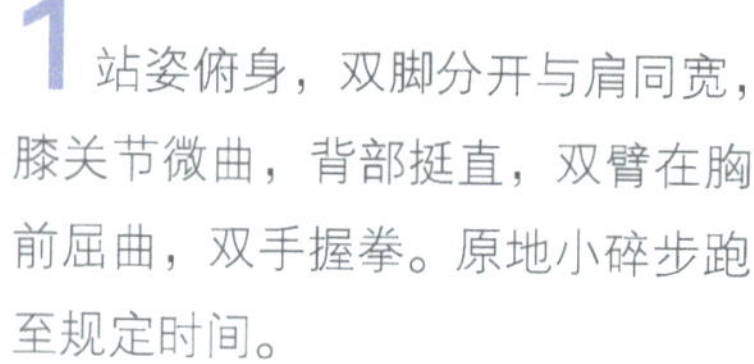

3 胸部及上臂发力将身体推起，同时屈髋屈膝，脚向前跳，落地时迅速蹬地站起。

4 再次原地小碎步跑至规定时间。重复以上步骤至规定次数。

【肌肉解剖后视图】

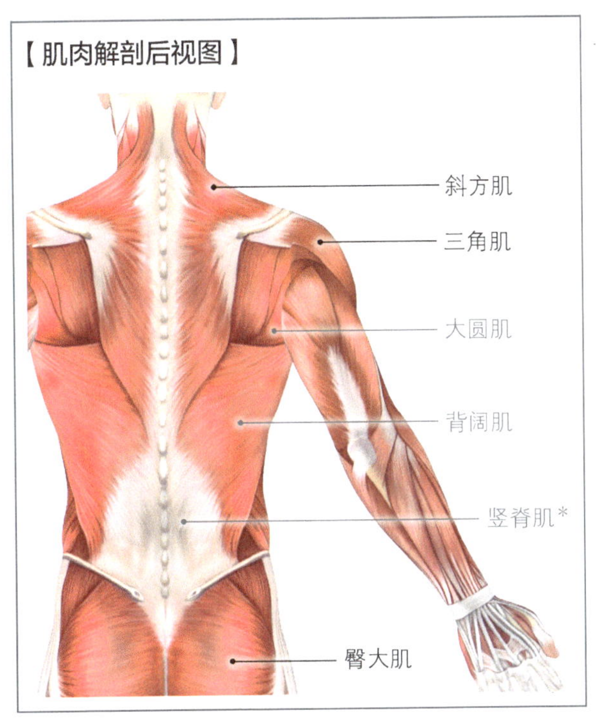

锻炼目标
- 全身

锻炼器械
- 无

级别
- 高级

呼吸提示
- 全程均匀呼吸

益处
- 提高全身耐力和协调性
- 提高肩部稳定性

注意
- 膝关节疼痛
- 肩关节疼痛

解析关键

- 黑色字体为主要锻炼的肌肉
- 灰色字体为次要锻炼的肌肉

* 为深层肌肉

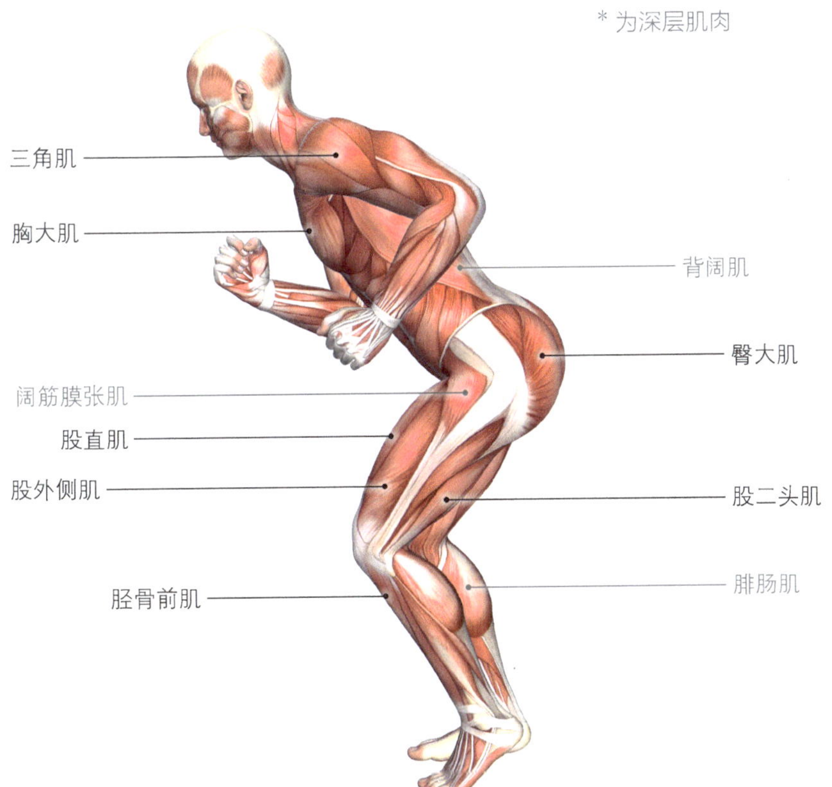

第3章

训练计划

第一阶段

这一阶段是训练者进行训练的初级阶段，在这个阶段中训练者需要注重所有动作的质量，而非数量。本阶段提供了两组锻炼全身的训练计划，训练者可任意选择一组进行训练，共完成2轮即可。

1 俯卧撑 ×10
见22~23页

2 蜘蛛爬行60秒
见104~105页

7 辅助引体向上 ×10
见56~57页

8 开合深蹲跳 ×10
见106~107页

9 板凳臂屈伸 ×10
见60~61页

第一组

3 仰卧起坐 × 10
见 34~35 页

4 俯卧爬行 60 秒
见 100~101 页

5 8 拍健身者 × 10
见 62~63 页

6 DFRB × 10
见 90~91 页

10 前后滑步 × 10
见 86~87 页

11 深蹲 × 25
见 70~71 页

1 1/2奥林匹克挺举 ×10
见110~111页

2 多方向弓箭步 ×10
见72~73页

6 四肢行走60秒
见102~103页

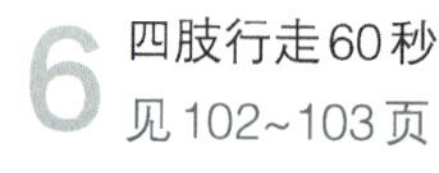

7 俯身YTW形伸展 ×10
见112~113页

8 跳绳2分钟
见118~119页

第二组

3 交替前弓步 × 10

见76~77页

4 简化波比跳 × 10

见124~125页

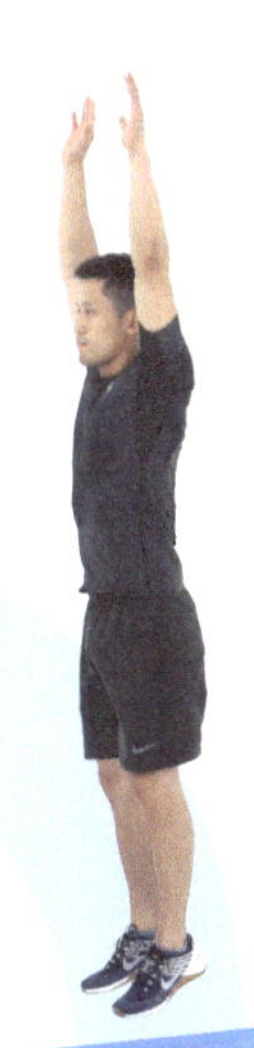

5 手脚抬起仰卧扭转 × 10

见42~43页

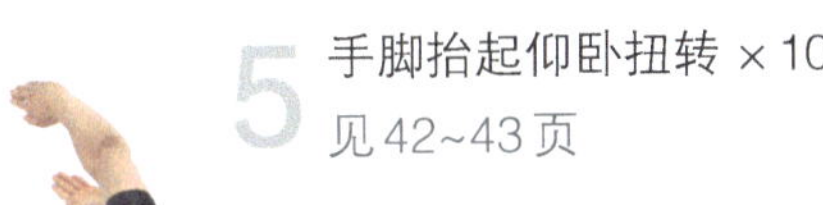

9 登山者 × 10

见122~123页

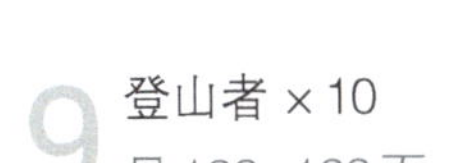

10 侧向跳跃 × 10

见120~121页

第二阶段

第二阶段在第一阶段的基础上增加了训练的难度，使训练者可以进一步提高体能水平，完成训练目标。本阶段提供了七组全身的练习以及单独部位的练习，训练者可以在每次训练的时候根据训练目标选择对应部位的练习，再加两组全身性的练习，补短板的同时，发展全身性的肌肉力量和耐力。

1 俯卧撑 ×25
见22~23页

2 登山者 ×25
见122~123页

3 侧向跳跃 ×25
见120~121页

4 跳绳2分钟
见118~119页

第一组

1 蜘蛛爬行60秒
见104~105页

2 俯卧爬行60秒
见100~101页

3 四肢行走60秒
见102~103页

4 跳绳3分钟
见118~119页

第二组

1 8拍健身者 ×10
见62~63页

2 辅助引体向上 ×5
见56~57页

3 跳绳4分钟
见118~119页

第三组

1 俯身YTW形伸展 × 10
见112~113页

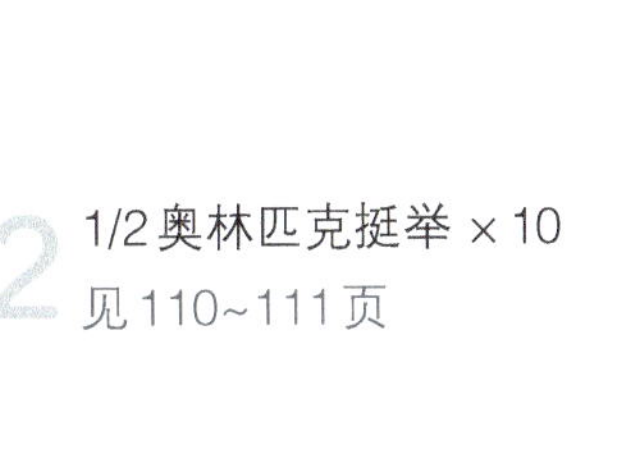

2 1/2奥林匹克挺举 × 10
见110~111页

4 跳绳2分钟
见118~119页

3 DFRB × 10
见90~91页

第四组

1 仰卧起坐 × 10
见34~35页

2 多方向弓箭步 × 10
见72~73页

3 手脚抬起仰卧扭转60秒
见42~43页

4 跳绳2分钟
见118~119页

第五组

1 深蹲 × 25
见70~71页

2 开合深蹲跳 × 10
见106~107页

3 前后滑步 × 15
见86~87页

4 弓步蹲跳 × 10
见74~75页

5 跳绳 1 分钟
见118~119页

第六组

1 简化波比跳 ×10
见124~125页

2 板凳臂屈伸 ×15
见60~61页

3 跳绳3分钟
见118~119页

第七组

1 仰卧两头起 × 10

见36~37页

2 卷腹膝碰肘 × 10

见38~39页

3 侧平板支撑膝碰肘 × 10（每侧）

见44~45页

4 仰卧交替摸脚跟 × 10

见40~41页

5 手脚抬起仰卧扭转 × 10

见42~43页

6 仰卧起坐 × 10

见34~35页

腹肌

1 俯卧撑 × 10
见22~23页

2 钻石俯卧撑 × 10
见24~25页

3 下斜俯卧撑 × 10
见26~27页

4 宽距俯卧撑 × 10
见28~29页

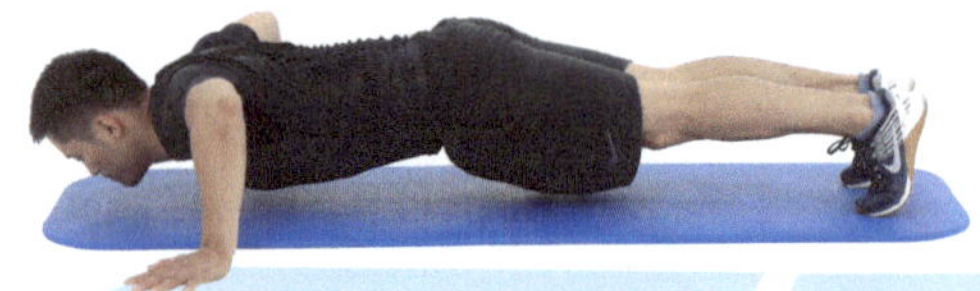

5 蜘蛛俯卧撑 × 10
见30~31页

6 跪姿释手俯卧撑 × 10
见32~33页

胸肌

1 深蹲 × 10

见70~71页

2 多方向弓箭步 × 10

见72~73页

3 防守侧滑步 × 10

见88~89页

4 侧弓步 × 10

见78~79页

5 交替前弓步 × 10

见76~77页

6 弓步蹲跳 × 10

见74~75页

7 前后滑步 × 10

见86~87页

双腿

2 波比跳 + 引体向上 × 10
见84~85页

1 四肢行走60秒
见102~103页

7 DFRB × 10
见90~91页

8 10拍健身者 × 10
见64~65页

9 12拍健身者 × 10
见66~67页

3 蜘蛛爬行60秒
见104~105页

4 登山者×20
见122~123页

5 简化波比跳×10
见124~125页

6 跳绳60秒
见118~119页

10 开合深蹲跳×10
见106~107页

灵活性

11 波比跳 × 10
见82~83页

12 侧向跳跃 × 10
见120~121页

13 四肢行走60秒
见102~103页

14 小碎步俯卧撑 × 10
见126~127页

1 抱腿体前屈30秒
见68~69页

2 直臂平板支撑30秒
见92~93页

4 移动平板支撑30秒
见94~95页

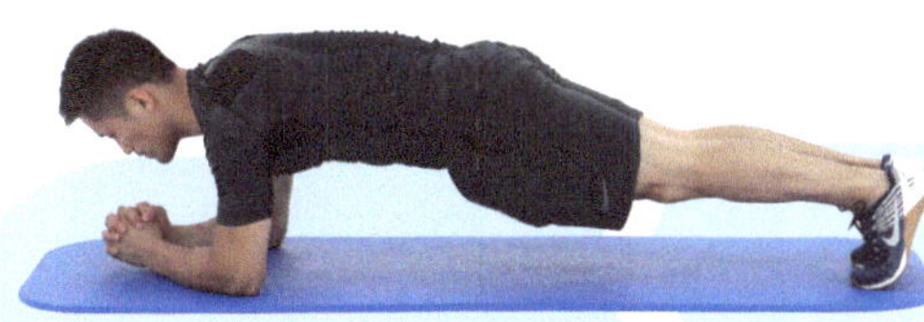

3 跪姿髋屈肌拉伸30秒/侧
见98~99页

5 俯身YTW形伸展 ×10
见112~113页

6 侧平板支撑抬臂 ×10（每侧）
见96~97页

核心肌群

1 1/2奥林匹克挺举 × 10
见110~111页

2 双臂提拉 × 10
见114~115页

3 板凳臂屈伸 × 10
见60~61页

4 肩关节碎石机 × 10
见108~109页

5 双臂侧平举 × 10
见116~117页

6 肩关节外旋 × 10
见80~81页

上肢

第三阶段

当训练者拥有一定的训练经验与体能基础后，进入第三阶段。本阶段提供了三组涉及全身的训练计划，训练者可以选择任意一组计划进行全身的体能训练，每组计划可以根据自身体能情况完成3~5轮。

1 直臂平板支撑30秒

见92~93页

2 移动平板支撑30秒

见94~95页

3 侧平板支撑抬臂 ×10（每侧）

见96~97页

4 仰卧起坐 ×15

见34~35页

第一组

5 卷腹膝碰肘 × 15
见38~39页

6 坐姿交替收腿 × 15
见46~47页

11 深蹲 × 15
见70~71页

10 下斜俯卧撑 × 15
见26~27页

12 多方向弓箭步 × 15
见72~73页

13 1/2奥林匹克挺举 × 10
见110~111页

7 仰卧直腿触脚尖 × 15

见54~55页

8 仰卧收腿 × 15

见50~51页

9 俯卧撑 × 15

见22~23页

14 板凳臂屈伸 × 15

见60~61页

1 双臂提拉 × 15
见114~115页

2 双臂侧平举 × 15
见116~117页

7 DFRB × 5
见90~91页

8 仰卧两头起 × 20
见36~37页

9 辅助引体向上 × 10
见56~57页

第二组

3 俯卧撑 × 20

见 22~23 页

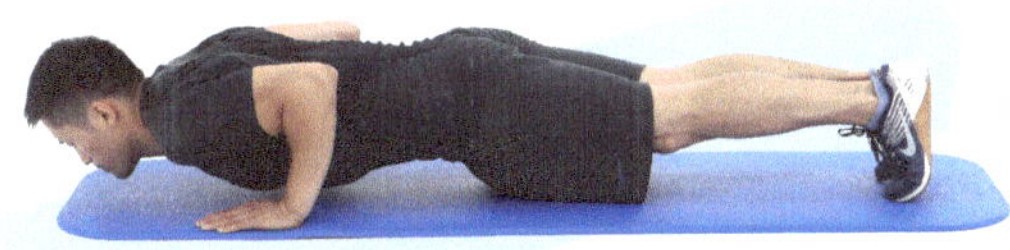

4 交替前弓步 × 20

见 76~77 页

5 蜘蛛爬行 × 15

见 104~105 页

6 卷腹膝碰肘 × 20

见 38~39 页

10 肩关节碎石机 × 5

见 108~109 页

1 仰卧叠腿屈伸 ×20
见48~49页
2 蜘蛛俯卧撑 ×20
见30~31页
7 仰卧开合腿 ×20
见52~53页
6 深蹲 ×20
见70~71页
8 四肢行走15秒
见102~103页

第三组

3 侧向跳跃 ×20
见 120~121 页

4 前后滑步 ×20
见 86~87 页

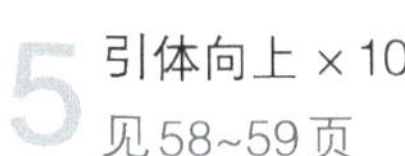

5 引体向上 ×10
见 58~59 页

10 手脚抬起仰卧扭转 30 秒
见 42~43 页

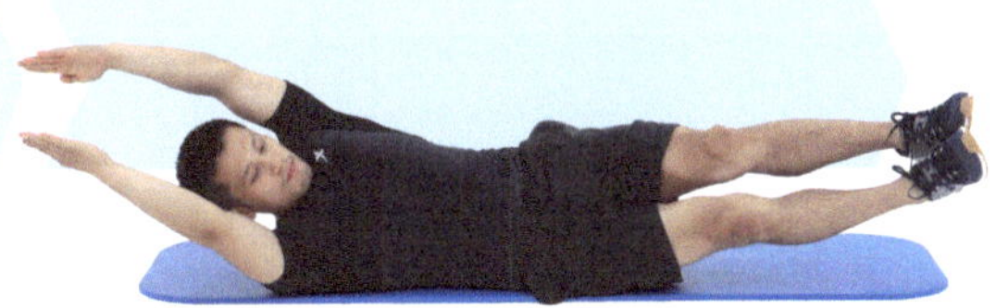

9 俯卧爬行 15 秒
见 100~101 页

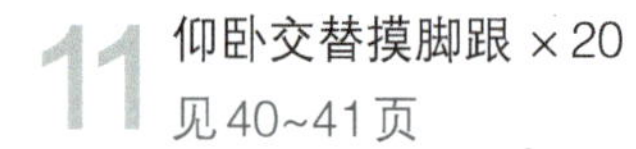

11 仰卧交替摸脚跟 ×20

见40~41页

12 侧平板支撑膝碰肘 ×15（每侧）

见44~45页

13 肩关节外旋 ×20

见80~81页

14 跳绳2分钟

见118~119页